L'EGLISE COLLEGIALE

DE

N.-D. DU CHATEAU DE LOCHES

MAINTENANT

EGLISE PAROISSIALE DE SAINT-OURS

SON HISTOIRE ET SON CULTE

SES TRÉSORS ET SES PRIVILÉGES SPIRITUELS

PAR

M. L'ABBÉ A. BARDET

CURÉ DE LA CROIX-DE-BLÉRÉ

DÉDIÉ A Mgr L.-A. NOGRET

Évêque de Saint-Claude

Ancien curé de Notre-Dame de Loches

TOURS

IMPRIMERIE DE J. BOUSEREZ

1862

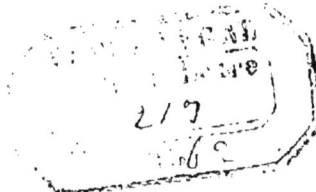

A SA GRANDEUR

MONSEIGNEUR LOUIS-ANNE NOGRET

ÉVÊQUE DE SAINT-CLAUDE

MONSEIGNEUR,

Au moment où vous quittez la belle église du château de Loches, qui fut si longtemps votre église paroissiale, pour aller vous asseoir sur le siége épiscopal de Saint-Claude, permettez-moi de vous offrir ces pages, qui résument l'histoire de l'antique collégiale.

Je le sais, MONSEIGNEUR, vous n'aurez pas besoin de ce modeste opuscule pour vous rappeler toujours cette magnifique église que vous avez fait restaurer avec un goût si parfait, où vous avez exercé le saint ministère avec tant de consolation et tant de succès, où l'on aimait tant à vous entendre annoncer, du haut de la chaire, la parole de Dieu, et où votre souvenir sera toujours durable.

Je sais bien aussi qu'au milieu des pompeuses cérémonies et des brillantes fêtes religieuses que vous devrez présider, soit dans votre ville épiscopale, soit dans les grandes paroisses de votre diocèse, vous n'oublierez point les belles solennités que vous avez présidées dans votre antique église de Loches.

En vous faisant hommage de l'histoire de l'ÉGLISE COLLÉGIALE DE NOTRE-DAME DE LOCHES, j'ai voulu, MONSEIGNEUR, vous donner un témoignage de ma vive reconnaissance pour l'intérêt si bienveillant dont vous avez daigné m'honorer pendant les trop courtes années que j'ai passées près de vous.

J'ai voulu vous remercier de m'avoir procuré les moyens de faire sur l'église collégiale cette intéressante étude ; car c'est grâce aux riches matériaux que vous avez mis à ma disposition, avec une bonté parfaite, que j'ai pu entreprendre ce travail.

Mais, MONSEIGNEUR, cette offrande n'est pas seulement la mienne ; elle est celle également de tous les prêtres de votre ancien doyenné, de MM. les Fabriciens de l'église Saint-Ours, et d'un grand nombre de personnes de Loches et d'ailleurs, qui ont voulu s'unir à moi quand je leur eus communiqué l'intention où j'étais de vous donner ce modeste souvenir.

Veuillez agréer, MONSEIGNEUR, l'hommage du profond respect avec lequel j'ai l'honneur d'être,

DE VOTRE GRANDEUR,

le très-humble et très-obéissant serviteur,

L'ABBÉ BARDET,
ancien vicaire de Saint-Ours de Loches.

La Croix-de-Bléré, 30 juin 1862.

Sur la rive gauche de l'Indre, rivière si capricieuse dans son cours et qui promène ses eaux à travers de si riantes campagnes, se dresse une charmante petite ville. C'est Loches, chef-lieu du deuxième arrondissement du département d'Indre-et-Loire, situé à quarante kilomètres sud-est de Tours, presque sur les confins de la Touraine et du Berry.

Rien de plus charmant que le paysage qui l'environne de tous côtés. Partout la nature s'y montre pleine de fraîcheur et de grâce. Ici, s'élèvent des collines verdoyantes, des coteaux avec leurs vignes grimpantes et leurs sommets boisés; là, se déroule la superbe vallée de l'Indre avec ses prairies émaillées de boutons d'or à chaque retour du printemps, ses peupliers, dont quelques-uns, réunis par groupes, forment d'agréables massifs de verdure, tandis que les autres, rangés en ligne droite, se développent en un double rideau d'une immense étendue; enfin, avec ses cours d'eau dont le blanc argenté tranche d'une manière gracieuse sur le vert d'émeraude des herbes touffues.

La ville de Loches semble baigner ses pieds dans les eaux de l'Indre; mais elle ne rampe point à terre, « elle s'attache, comme la fleur, aux flancs du coteau » sur lequel elle est en partie construite; ses maisons et ses rues s'élèvent en amphithéâtre; elle a pour couronnement « les tourelles de son château, les pyramides de son église, et l'immense donjon de son vieux fort (1). »

Il est difficile de rencontrer une ville d'aussi petite étendue qui offre autant de souvenirs et de monuments historiques. Dans la ville proprement dite, vous voyez s'élever la belle tour de Saint-Antoine, ancien beffroi de la cité. Les portes des Cordeliers et de Picois, parfaitement conservées, vous rappellent qu'autrefois Loches était une ville forte. Vous ne pouvez vous empêcher d'admirer les restes de cette triple enceinte qui autrefois, entourait le château et en défendait l'accès, et ces forts assez bien conservés, et cette porte, unique entrée du château, encore dans son entier, qui n'a perdu que son pont-levis dont on aperçoit encore l'emplacement, et cette haute tour carrée que les injures du temps et des hommes n'ont pu renverser, et

(1) *La Touraine, histoire et monuments*, publié sous la direction de M. l'abbé J.-J. Bourassé; article *Loches*, par M. Eug. de la Gournerie. Tours, Mame, 1855.

cette église avec ses clochers à jour et ses pyramides de pierre qui lui tiennent lieu de voûtes.

Nous laissons à d'autres le soin de décrire les monuments que renferme la ville de Loches; nous voulons nous occuper exclusivement de sa belle et antique église du Château. Pour en parler convenablement, nous avons étudié les auteurs qui s'en sont occupés, tels que Dufour, *Dictionnaire de l'arrondissement de Loches;* Chalmel, M. de Pierres, dans ses *Tablettes chronologiques de la ville de Loches; la Touraine*, de M. Mame; *les Chroniques Tourangelles et Angevines*, et surtout les vieux manuscrits laissés par l'ancien Chapitre de l'église collégiale.

Notre travail n'est point une œuvre d'amour-propre; nous ne tenons point à passer pour un savant; nous nous contentons d'un rôle plus modeste; nous voulons résumer en quelques pages ce que l'on a écrit de plus intéressant sur l'ancienne collégiale, en faire l'histoire depuis sa fondation jusqu'à nos jours, en donner la description archéologique; nous voulons faire connaître en outre quels sont les riches trésors qu'elle est fière et heureuse de posséder, donner enfin quelques détails sur les saints qu'elle a honorés par le passé et qu'elle honore encore d'un culte spécial. Tel est le plan de ce modeste travail.

L'ÉGLISE COLLÉGIALE

DE

N.-D. DU CHATEAU DE LOCHES

PREMIÈRE PARTIE

HISTOIRE DE LA COLLÉGIALE

CHAPITRE PREMIER

Fondation de Geoffroy Grisegonelle. — L'an mille. — Dons de
Foulques Nerra. — Translation de saint Baud.

962 - 1160.

Un des plus anciens historiens de la France, le moine
Jean, connu sous le nom de l'Anonyme de Marmoutier,
qui vivait dans la seconde moitié du xııᵉ siècle, rapporte
que, vers l'an 372, l'illustre évêque de Tours, saint Martin, convertit à la vraie foi le peuple de Loches, encore
plongé dans les ténèbres de l'idolâtrie.

On ne sait en quel lieu les nouveaux chrétiens de Loches
se réunirent pour assister à la célébration des saints mystères, depuis l'époque de leur conversion jusque vers le
milieu du vᵉ siècle; ce qu'il y a de certain, c'est que vers

l'an 450 ou 455, le cinquième évêque de Tours, saint
Eustoche, fit construire une église sous l'invocation de
sainte Marie-Madeleine, sur le coteau de Loches, dans
l'emplacement du château (1).

Cette église subsista jusqu'au temps de Geoffroy, dit
Grisegonelle (du nom de son vêtement gris ou brun),
comte d'Anjou et seigneur de Loches, qui, dans la seconde
moitié du xᵉ siècle, fit élever à la place de l'église primitive une nouvelle église plus vaste et plus belle (2).

Il est nécessaire, pour l'intérêt de notre récit, de se
reporter à ce temps de l'histoire où la piété de Geoffroy
éleva sa belle église en l'honneur de la très-sainte Vierge.
Nous pourrons ainsi comprendre que le comte d'Anjou, en
la construisant, faisait autant un acte d'amour et d'espérance qu'un acte de foi et de piété.

Au xᵉ siècle, les peuples, sur une fausse interprétation
de l'Apocalypse, croyaient que la fin du monde arriverait
avec l'an 1000. Dans l'attente d'une catastrophe si terrible,
les affaires languissaient, les intérêts matériels étaient
négligés, et vers la fin du siècle les travaux de la cam-
pagne eux-mêmes étaient abandonnés comme inutiles.

Il n'est pas étonnant que cette époque ait été stérile en
monuments religieux : aussi les églises qui datent de la fin
du xᵉ siècle sont-elles excessivement rares.

Pourquoi, disait-on alors, entreprendre d'élever au Seigneur des temples magnifiques, puisque le monde touche

(1) Gregor. Turon., *Historia Francorum*, lib. x, cap. xxxi, 5.
(2) *Chroniques de Touraine*, publiées par André Salmon: *Chronicon Turonense abbreviatum*, 185. Tours, Société Archéologique
de Touraine, 1854.

à sa fin ? A peine seraient-ils construits qu'ils disparaî-
traient dans l'embrasement général qui dévorera la terre
et tout ce qu'elle contient !

Souvent les évêques et les savants écrivains de l'Église
cherchèrent à combattre cette croyance si générale de la
fin prochaine du monde. Malgré tous les avertissements,
l'opinion populaire, fortement impressionnée, refusait de
se rendre, et plus on approchait de l'an 1000, plus les
terreurs redoublaient.

L'attente générale du dernier jour produisit cependant
de bons résultats : souvent elle apaisa des querelles, mit
fin à des inimitiés sanglantes et réprima des projets de
vengeance ; elle fit pénétrer plus profondément la foi et la
piété dans le cœur presque indomptable de ces seigneurs,
toujours prêts à batailler au gré de leurs caprices et de
leurs passions, et de ces gens du peuple à la nature rude et
quelque peu sauvage.

La pensée que tout homme serait appelé bientôt à rendre
compte de ses actes au juge suprême, empêcha bien des
injustices et bien des brigandages. Le droit de chacun, du
pauvre et du faible, de celui qui ne pouvait opposer que
son bon droit à la force, aussi bien que du riche tout puissant, fut plus respecté. Beaucoup de hauts et puissants
seigneurs, qui jusque-là s'étaient jetés sur les biens
d'église comme sur une riche proie, sentirent le remords
de leurs méfaits, et, dans l'intention de réparer leurs injustices, on les vit rendre avec une généreuse prodigalité les
biens qu'ils avaient enlevés.

Entraîné par ce courant religieux, Geoffroy Grisegonelle,
comte d'Anjou et seigneur de Loches, entreprit vers l'an

962, le pèlerinage de Rome. Et comme gage de son repentir sincère, à son retour en France il ne se contentait pas d'offrir à Dieu et à son Église des terres fertiles, des forêts magnifiques, il fit ce que nul seigneur, découragé par la croyance à la fin prochaine du monde, n'osait plus faire, il construisit à grands frais, dans l'enceinte même du château de Loches, une très-belle église en l'honneur de la sainte Vierge Marie.

La charte donnée par le comte Geoffroy, à l'occasion de la fondation de l'église du château, a pu survivre à la ruine de tant de monuments précieux que renfermaient les archives du chapitre et qui disparurent pendant la Révolution. Nous avons eu entre les mains une copie très-ancienne de cette charte écrite en latin. Il nous a semblé que cette pièce intéressante méritait d'être connue, c'est pour cela que nous en faisons ici un résumé exact (1).

Le comte d'Anjou, après avoir invoqué la très-sainte Trinité, annonce qu'il veut, par cette charte, faire connaître à ses successeurs et à tous les fidèles enfants de l'Église, les motifs qui l'ont amené à rebâtir, en l'honneur de la sainte Vierge Marie, l'église du château de Loches, dédiée autrefois à sainte Marie-Madeleine.

Entrant immédiatement en matière, il parle du voyage qu'il fit à Rome en 962, accompagné d'une suite nombreuse.

Geoffroy Grisegonelle avoue humblement qu'il s'était rendu à Rome pour y demander à Dieu le pardon des péchés de toute sorte qu'il avait commis pendant sa vie. A son arrivée dans la ville sainte, il fut admis en la présence

---

(1) Biblioth. Impér., collection ms. de D. Housseau, I, chartes 186, 187.

du souverain Pontife Jean, qui lui fit un accueil honorable. Pendant cinq jours consécutifs, le pape reçut en audience intime Geoffroy et sa suite. Il leur parlait à tous avec beaucoup de bonté et de force, comme il convient à un vrai pasteur des âmes, empruntant souvent le langage des divines Écritures, ainsi qu'il avait coutume de le faire, selon la remarque de Geoffroy.

Pour les disposer au repentir et au pardon de leurs fautes, le zélé Pontife les engagea à passer le sixième jour ainsi que le septième, dans le jeûne, la prière, les veilles, et à faire en même temps d'abondantes aumônes. Dans son exhortation paternelle à la pénitence et aux œuvres de miséricorde, il leur cita ces paroles des Livres saints : « On se servira pour vous de la mesure dont vous vous serez servi pour les autres. » Et celles-ci : « Celui qui sème avec parcimonie fera une médiocre récolte, tandis que celui qui sème avec abondance moissonnera abondamment. »

Encouragés par ces pieux discours, le comte d'Anjou et les siens accomplirent, autant et aussi bien que cela leur fut possible, les actes de religion et de pénitence que leur avait prescrits le souverain Pontife.

Enfin, huit jours après l'arrivée à Rome de Geoffroy, le Pape entendit, dans la basilique de Saint-Pierre, la confession du comte d'Anjou, qui ne pouvait retenir ses larmes au souvenir de ses péchés. Le Pontife, de son côté, pleurait aussi. En ce moment, le Pape, comme inspiré du Ciel, dit à son illustre pénitent que pour obtenir de Dieu le pardon de ses péchés, le salut de l'âme de son père, et pour procurer à ses successeurs le temps de faire pénitence, il lui ordonnait de construire une église en l'honneur de la

Vierge Marie, et d'y établir à perpétuité, en mémoire des douze apôtres, douze chanoines qui devraient célébrer chaque jour les divins mystères, chanter l'office et prier pour le repos des âmes de Foulques, de ses successeurs et des bienfaiteurs de l'église.

Le comte d'Anjou accepta cet ordre du pape avec une parfaite soumission et une grande joie.

Voyant que Geoffroy promettait de mettre le plus promptement possible à exécution les ordres qu'il venait de lui donner, le souverain Pontife prononça l'anathème contre tous ceux qui empêcheraient le comte de tenir sa promesse, ou qui oseraient piller les biens de la future église, ou la priver de son éclat premier. Quatre-vingt-deux évêques ou prélats entouraient le Pontife Jean en cet instant solennel et prononcèrent avec lui l'anathème.

Après avoir reçu une dernière fois la bénédiction apostolique, Geoffroy revint en son pays; il rapportait à l'adresse du roi Lothaire et à celle de l'archevêque de Tours, Hardouin, des lettres du Pape qui avait voulu faire connaître lui-même au roi et à l'archevêque les intentions du comte d'Anjou. L'archevêque de Tours, ayant reconnu pour authentiques ces lettres pontificales, engagea le comte à aller trouver, dans la ville de Laon, le roi Lothaire et à lui demander l'autorisation de construire au plus tôt son église. Le roi lui donna toute permission, et afin que nul ne pût le contester, il munit de son sceau l'acte qui mentionnait l'autorisation royale.

Mais quel lieu le comte d'Anjou va-t-il choisir pour y élever son église? Quelques-uns de ses braves hommes d'armes du pays de Loches, l'engagèrent à reconstruire l'église presque en ruine du château-fort de ce petit pays. Geoffroy suivit leur conseil; il fit commencer immédiatement les travaux de construction, qui se poursuivirent avec la plus grande activité; et sur les ruines de la chapelle dédiée à sainte Marie-Madeleine, s'éleva en peu de temps une belle et vaste église sous le vocable de la Mère de Dieu.

Mais ne voulant pas que le culte de sainte Madeleine fût abandonné, quoique l'église cessât de porter le nom de l'illustre pénitente, Geoffroy ordonna que la fête de cette sainte fût célébrée, comme par le passé, avec une grande solennité, chaque année, dans la nouvelle église du château.

Après tous ces intéressants détails, la charte dit que le comte d'Anjou donna à son église le corps de saint Hermeland; puis elle fait connaître les biens et priviléges dont l'enrichit le puissant et religieux fondateur.

Cette charte est signée de Geoffroy, de ses deux fils Foulques et Maurice, de l'archevêque de Tours, Hardouin, et de plusieurs autres personnages importants.

C'était en 962 que le comte d'Anjou avait fait son voyage de Rome, et en 965, l'archevêque Hardouin consacrait solennellement la nouvelle église du château de Loches.

Quelques années plus tard, le comte d'Anjou donnait encore à sa chère église de Loches un précieux gage de son affection; il la faisait dépositaire d'une moitié de la ceinture de la très-sainte Vierge, apportée de Constantinople au temps de Charles-le-Chauve, et gardée précieusement dans la chapelle royale, jusqu'au jour où la reine de

France, Emma, femme du roi Lothaire, la fit remettre au vaillant Geoffroy Grisegonelle (1).

Nous entrerons plus loin dans de plus grands détails sur cette précieuse relique; nous parlerons aussi plus longuement de saint Hermeland, devenu l'un des patrons de l'église collégiale.

Foulques Nerra, fils et successeur de Geoffroy Grisegonelle, porta aussi le plus grand intérêt à l'église du château de Loches.

Pour témoigner à tous qu'il voulait, comme son père, être le bienfaiteur de la collégiale, ce prince fit placer sur un pilastre du sanctuaire, en 990, la statue de son père et la sienne. Ces statues représentaient les deux comtes dans l'humble attitude de la prière, agenouillés dévotement; elles subsistèrent jusqu'en 1792; à cette époque elles furent brisées par les révolutionnaires.

Foulques Nerra, dont le nom est connu dans l'histoire, et qui résumait en lui le type du chevalier batailleur du moyen-âge et parfois celui du chevalier chrétien, se montrait le plus brave de tous sur le champ de bataille et dans les aventures périlleuses. Il eut souvent à se reprocher des actes de cruauté; pour les expier il entreprenait fréquemment des pèlerinages. Trois fois il se rendit à Jérusalem, ce qui lui fit donner le surnom de Jérosolomytain. Afin d'obtenir de Dieu le pardon de toutes ses fautes, il fit construire plusieurs abbayes, entre autres celle de Beaulieu, près de Loches, en 1007. Il plaça l'église du monas-

---

(1) *Chroniques d'Anjou*, publiées par MM. P. Marchegay et A. Salmon : *Gesta consulum Andegavorum*, 86, 87; — *Historia comitum Andegavensium*, 325. Paris, Renouard, 1856.

tère sous le vocable de la sainte Trinité et des anges, et y déposa un morceau de la vraie Croix, qu'il avait rapporté de Jérusalem, ainsi qu'un fragment de la pierre du saint Sépulcre qu'il avait arraché avec ses dents (1).

Ses générosités en faveur de l'abbaye de Beaulieu ne lui firent pas oublier Notre-Dame de Loches, car nous le voyons dans l'année 1034 donner au chapitre de la collégiale un morceau de la vraie Croix qu'il avait rapporté d'un nouveau voyage à Jérusalem (2).

En l'année 1086 une cérémonie imposante eut lieu à Notre-Dame du château de Loches, à l'occasion de la translation solennelle des reliques de saint Baud, ancien évêque de Tours. Après sa mort, le saint pontife avait été enseveli dans l'église de Saint-Martin de Tours; mais quand on lui rendit un culte public, son corps fut placé avec honneur dans l'église de Verneuil, petite bourgade située à deux lieues de Loches, et dont saint Baud avait été seigneur (3).

(1) *Chronicon Turonense magnum*, p. 118. — *Chron. de gestis consul. Andegavor.*, 96-103. — *Histor. Comit. Andegav.*, 329. — Raoul Glaber, lib. II, cap. IV. — D. Housseau, 337, 357.

(2) En revenant d'un troisième pèlerinage en Terre-Sainte, Foulques Nerra mourut à Metz. Son corps fut rapporté en Touraine, et inhumé dans l'église de l'abbaye de Beaulieu, près de la porte de la sacristie, dans la croisée à droite. On peut voir le dessin de ce magnifique monument et le texte des épitaphes plus modernes qui l'accompagnaient, dans le tome Ier, ff. 170-171, des *Tombeaux et Épitaphes des églises de France*, provenant de la collection Gaignières, déposé aujourd'hui à la Biblioth. Bodléienne d'Oxford.

(3) *Chron. Petri filii Bechini*, 23. — *Chron. Turon. magnum*, 81. — *Chron. Archiepisc. Turon.*, 209. — Maan, *Ecclesia Turonensis*, 94.

Le corps du saint évêque resta à Verneuil jusque vers la fin du xie siècle; mais à cette époque la guerre promenait ses ravages dans nos belles contrées, comme dans le reste du pays de France; les églises étaient souvent pillées et les reliques des saints profanées. Les reliques de saint Baud pouvaient subir le même sort; c'est ce dont voulut les préserver, en 1086, le chanoine Ervenarus, prieur du chapitre de Loches, et en même temps seigneur de Verneuil. L'enceinte fortifiée du château de Loches mettait son église à l'abri du pillage et de l'incendie; Ervenarus prit donc la résolution de déposer dans ce saint asile le corps du bienheureux évêque de Tours. Pour cet effet, il obtint le consentement de Foulques Réchin, comte d'Anjou et seigneur de Loches, et celui de Raoul, archevêque de Tours.

A partir du jour où se fit la translation solennelle, dans l'église du château, des reliques de saint Baud, ce saint pontife fut honoré comme l'un des patrons de l'église collégiale. Jusqu'à l'époque de la grande Révolution, de chaque côté du maître-autel dédié à la sainte Vierge, principale patronne de la collégiale, on apercevait dans des châsses précieuses, couvertes d'argent, avec figures relevées en bosse et dorées, les corps entiers de saint Baud et de saint Hermeland, patrons secondaires de l'église.

N'oublions pas de dire que les souverains Pontifes avaient plusieurs fois, depuis sa fondation, témoigné leurs bienveillantes faveurs à l'église collégiale de Notre-Dame de Loches. Par une bulle spéciale, Jean XIII lui accorda le privilége de relever directement de la cour de Rome. Cette faveur fut plus tard ratifiée et confirmée par les souverains Pontifes Innocent II, Jean XXII et Innocent VI. Innocent II prononça même la peine d'excommunication contre ceux qui oseraient attenter aux droits et priviléges du chapitre de la collégiale. Comme marque de sa dépendance immédiate du Saint-Siége, l'église de Loches payait anciennement, chaque année, à l'église de Rome, cinq sous qui étaient employés en achat d'huile, pour brûler devant le tombeau de saint Pierre.

CHAPITRE II

Restauration de Thomas Pactius. — Siége de Loches. — Dreux de
Mello. — Visites princières. — Agnès Sorel.

1160 - 1300

Deux siècles ne s'étaient pas encore écoulés depuis la
construction de l'église du château de Loches, que déjà
elle menaçait de tomber en ruine. Mais heureusement pour
le monument sacré, le chapitre de Notre-Dame avait à
cette époque en son prieur un homme plein de zèle et de
piété, qui pouvait s'appliquer les paroles de David :
« J'aime, ô mon Dieu, la décoration de votre maison et le
lieu que vous avez choisi parmi nous pour votre demeure. »

Cet homme s'appelait Thomas Pactius.

En 1160, Thomas Pactius, nous dit une vieille chronique, s'aperçut que le ciel du milieu de l'église, formé de
solives peintes et consumées par le temps, menaçait ruine.
D'autres dégradations plus ou moins considérables compro-
mettaient également la construction de Geoffroy Grisego-

nelle. Le prieur du chapitre ne se dissimula pas qu'il ne
suffirait point de faire quelques réparations ordinaires pour
consolider et restaurer l'église collégiale, mais qu'il s'agis-
sait d'une reconstruction presque complète. Toutefois il ne
s'effraya pas des travaux considérables qu'il lui faudrait
exécuter ; bien plus, il ne voulut pas s'en tenir à une
simple réparation ; tout en conservant de l'église de Geoffroy ce qui pouvait être conservé, il voulut mettre à profit
dans l'œuvre magnifique qu'il allait entreprendre, les
immenses progrès que l'architecture religieuse avait faits
depuis deux siècles.

Avec les croisades, en effet, un genre nouveau d'architecture avait pris naissance en France. Les croisés, en tra-
versant les riches contrées de l'Asie, avaient vu de
superbes églises, dont les formes élancées, les coupoles
élégantes, fendant majestueusement les airs, contras-
taient singulièrement avec les églises d'Europe, aux formes
lourdes et massives. Ils voulurent à leur retour essayer de
ce genre d'architecture dans leurs monuments sacrés. On
vit donc dès ce moment l'ogive se mélanger au plein-
cintre, mais ce mélange se fit timidement ; le plein-cintre
ne cessa pas encore de dominer en maître dans les con-
structions religieuses de l'époque ; les formes byzantines se
montrèrent cependant et donnèrent plus de grâce et de
majesté aux édifices sacrés.

C'est ce mélange, ce style de transition entre l'architecture romane et l'architecture ogivale, que Thomas Pactius
adopta pour son église.

Se mettant donc à l'œuvre avec un zèle au-dessus de
tout éloge, il fit enlever, nous dit la chronique déjà citée,

les solives peintes et consumées par le temps qui formaient
le ciel du milieu de l'église, il couvrit l'espace compris
entre les deux clochers d'une façon merveilleuse, c'est-à-
dire par deux petites tours que nous appelons douves
(*dubas*) ou dômes. Il fit également construire les arcs de
pierre et les colonnes qui soutiennent les douves, partie de
son argent, car il était riche, partie de celui que donnèrent
dans ce but les nouveaux chanoines, à leur réception (1).

Quand nous donnerons au chapitre cinquième de notre
travail la description de l'église du château, telle que nous
la voyons maintenant, nous essaierons de montrer ce
qu'était cette église lorsque Geoffroy Grisegonelle la fit
construire, et ce qu'elle devint quand le prieur Thomas
Pactius l'eut restaurée, embellie, agrandie. Contentons-
nous de dire en ce moment, que, grâce aux soins de l'intelligent chanoine, l'antique collégiale de Loches passe à
bon droit pour l'une des plus belles églises que le xiie siècle nous ait laissées.

Lorsque la Touraine, jusque-là soumise aux comtes
d'Anjou et aux rois d'Angleterre en leur qualité de comtes
d'Anjou, redevint française par son annexion à la couronne de France, en 1204-1205, la collégiale de Loches
courut un grand danger. A cette époque, le gouverneur
du château de Loches était Girard d'Athée, entièrement
dévoué au roi d'Angleterre, Jean Sans-Terre. Sommé par
le roi de France, Philippe-Auguste, de remettre entre ses
mains l'importante forteresse, Girard d'Athée refusa

---

(1) *Chronicon ecclesiæ beatæ Mariæ de Lochis.* — Thomas
Pactius mourut le 27 avril 1168, d'après l'obituaire de la collégiale
de Loches.

d'obéir, et, comme il connaissait la force de la place dont il avait le commandement, il n'hésita pas à courir les chances d'un siége conduit par le roi de France en personne. Pendant, un an Philippe-Auguste fit entourer le château; sa forte armée ne cessa chaque jour de cette année de lancer ses traits contre les assiégés, de battre avec de puissantes machines les hautes murailles de ce vieux château qui osait faire résistance. Les fortifications durent céder devant une attaque si prolongée; les murs s'écroulaient avec fracas, et cependant les assiégeants ne pensaient point à se rendre; ils luttaient avec une extrême énergie pour maintenir sur les tours ébranlées du château la bannière d'Angleterre.

Enfin vers Pâques de l'année 1205, le roi Philippe-Auguste, entouré de troupes fraîches, donna lui-même le signal de l'assaut, et après une dernière lutte sur les remparts avec les assiégés, les gens du roi pénétraient avec lui dans la place, et les étendards de France flottaient bientôt après sur le donjon (1). Dans l'enceinte du château, l'église seule se dressait intacte au milieu des ruines qui l'entouraient; par une faveur spéciale de la Providence, elle n'avait pas eu à souffrir d'un siége poursuivi et soutenu si vigoureusement.

Avec le XIIIe siècle commence pour l'église collégiale une brillante époque. Les rois, les princes, les seigneurs se montrent généreux envers elle; ils viennent s'agenouiller avec la foi qui régnait au moyen-âge, dans cette église consacrée à la très-haute et très-puissante Reine du ciel et de la terre; ils viennent avec la plus profonde dévotion

(1) Guillaume le Breton, *Philippidos*, lib. VIII.

révérer la précieuse relique de la ceinture de Marie ; ils ne quittent pas cet auguste sanctuaire sans y laisser des preuves de leur générosité.

Dreux de Mello, à qui le roi Philippe-Auguste avait concédé la ville et le château de Loches, ainsi que leurs dépendances, en fief et hommage-lige, devint un des principaux bienfaiteurs de l'église collégiale et de son chapitre.

En juillet 1223, il donna et concéda à l'église du château de Loches :

1° Tout le bois nécessaire, tant pour le chauffage des chanoines et chapelains que pour la réparation de leurs maisons et moulins. Ce bois devait être pris dans la forêt de Boisoger, qui s'étendait depuis l'arche de Cornillé jusqu'au pont de Saint-Pierre de Perrusson, en longueur, et depuis la croix de Dolus jusqu'à la Jonchère, en largeur ;

2° L'exemption de tout droit de *terrage* et *vinage*, sur toutes les terres et vignes situées dans les terrages et vinages de Loches, dont le chapitre jouissait à l'époque de la donation, ou qu'il pourrait acquérir par la suite ;

3° Il exempta de taille de guerre et de tous autres subsides celui qui portait le dragon aux processions ainsi que ses enfants. Dans les processions on portait autrefois des figures de dragons pour représenter le diable ou l'hérésie dont l'Église triomphe. On le portait au bout d'une perche, et un enfant avait une lanterne où était un cierge pour rallumer le feu qui était en la gueule du dragon, s'il venait à s'éteindre (1) ;

Il concéda encore au chapitre le droit de justice, de

1) Dufour, *Dictionn. de l'arrondissement de Loches.*

péage, de vente et de toutes les coutumes, depuis Primes sonnantes, la veille de l'Assomption de la sainte Vierge, jusqu'à la même heure du lendemain dudit jour de l'Assomption ;

5° Il donna aussi la moitié du même droit, depuis la veille de saint Michel, Primes sonnantes, jusqu'à la même heure du lendemain de cette fête ;

6° Enfin, il reconnut et ratifia le droit de haute et basse justice dont jouissait le chapitre.

En juillet 1239, Dreux de Mello concéda encore à la collégiale une rente de cent sous, assignée sur la forêt de Loches, pour la fondation de son anniversaire et de celui d'Élisabeth, sa femme (1).

Sur la demande du Chapitre, le roi saint Louis, par des lettres-patentes, datées de Loudun et données en octobre 1255, approuva la fondation de Dreux de Mello.

Si un simple seigneur se montra si généreux envers Notre-Dame de Loches, que ne firent pas pour elle les rois très-chrétiens et les princes du sang royal qui passèrent souvent à Loches et y séjournèrent quelque temps ?

Le 4 octobre 1261, la ville de Loches eut l'honneur de recevoir dans ses murs le fils de Blanche de Castille, le roi de France saint Louis. Le pieux monarque voulut payer le tribut de ses hommages à la Mère de Dieu en son église royale du château, et nous pouvons croire qu'il vénéra la ceinture de la sainte Vierge avec la ferveur et la dévotion d'un saint. C'est probablement à cette époque que le vertueux roi fit à l'église Notre-Dame la rente annuelle

(1) Archives du chapitre.

de deux livres tournois, affectée sur le domaine, pour un annuaire de sa mère, inscrite dans les archives du Chapitre.

Après saint Louis, l'église du château fut visitée par Philippe-le-Bel, son indigne petit-fils; par Jean II, si malheureux dans ses guerres avec les Anglais, dont il devint le prisonnier; par Charles VII, qui résida assez longtemps à Loches; par Louis XI, si dévôt à Marie, et qui, pour la faire honorer de tous ses sujets, ordonna de sonner chaque jour l'Angelus le matin, à midi et au soir, dans toute l'étendue de son royaume; par Charles VIII, Louis XII et la reine Anne, duchesse de Bretagne. François 1er et son rival Charles-Quint, empereur d'Allemagne, Henri II et Catherine de Médicis, sa femme, Charles IX et Henri III, quand il n'était encore que duc d'Anjou, passèrent quelque temps au château royal de Loches, entendirent la messe dans son église collégiale et usèrent du droit que leur donnait leur naissance ou leur rang pour faire exposer à leur vénération la ceinture de la Mère de Dieu.

D'après le Cartulaire de l'église collégiale, voici la réception faite par les chanoines de Notre-Dame au dauphin Charles (depuis Charles VII), les 5 et 6 novembre 1418:

« Le samedi cinq novembre 1418, sur les quatre heures de l'après-midi, le seigneur Charles, dauphin de Vienne et duc de Touraine, fils unique de notre roi, vint pour la première fois à son château de Loches, accompagné d'une suite nombreuse.

« Voulant recevoir dignement le dauphin, en sa qualité d'abbé de notre église, et remplir ainsi notre devoir, après en avoir délibéré entre nous, suivant les antiques statuts de notre église, nous nous sommes rendus processionnellement, en chape de soie, avec la croix, le livre des évangiles et l'eau bénite, au-devant du prince jusqu'aux barrières situées devant la porte du château.

« Après une courte attente, le dauphin arriva ; le prieur lui présenta la croix et le livre des évangiles, qu'il baisa avec une grande dévotion et révérence, mais comme l'heure était avancée, ledit seigneur ne s'arrêta pas à l'église.

« Le lendemain matin, à huit heures, nous nous rendîmes sous le porche de notre église, dans le même ordre que la veille ; le prieur portait la sainte croix dans ses mains. A l'arrivée du dauphin, le prieur lui donna l'eau bénite, lui fit baiser la croix, puis se mettant à genoux, il lui exposa le cérémonial avec lequel nous allions le recevoir comme abbé de cette église. Au nom du Chapitre et pour l'honneur de Dieu et de la susdite église, le prieur supplia le prince d'observer et d'accomplir les statuts de l'église, dans la cérémonie de sa réception comme notre abbé. Ledit seigneur répondit avec bienveillance qu'il était prêt à observer ces statuts. Alors le prieur mit sur les épaules du prince d'abord le surplis, ensuite une chape de soie, et sur sa tête le bonnet ecclésiastique.

« Puis au milieu des chants du chœur, au son de l'orgue, au bruit des cloches, le duc, notre abbé, entouré d'un grand nombre de seigneurs qui composaient sa suite, fit son entrée solennelle dans notre église, et entendit avec dévotion la grand'messe, dans le lieu qu'on lui avait préparé.

« Quand la messe fut terminée, le dauphin vénéra et baisa la ceinture de la bienheureuse vierge Marie (1). »

A partir de Charles IX, les rois et les princes ne vinrent plus à Loches aussi fréquemment que par le passé ; toutefois les chroniques mentionnent que le 14 décembre 1700, le duc d'Anjou, petit-fils de Louis XIV, passa dans cette ville en allant prendre possession du trône d'Espagne ; qu'il s'y arrêta avec une suite nombreuse, que le lendemain de leur arrivée à Loches, le roi et les princes qui l'accompagnaient entendirent la messe à l'église collégiale, et qu'après la messe les chanoines leur montrèrent la ceinture de la sainte Vierge.

Les archives de l'ancien chapitre nous ont appris que Philippe-le-Bel ratifia par lettres-patentes les privilèges et immunités dont jouissait la collégiale ; que Jean II, encore prince royal, donna à l'église Notre-Dame 60 livres tournois de rente annuelle et perpétuelle, pour la fondation d'une messe, dite *du roi*, et d'un service des morts pour lui, les rois et les ducs ses prédécesseurs. Quand il fut parvenu à la couronne, il confirma ce don, en 1350. La *messe du roi* était dite chaque lundi par un chanoine ; après cette messe, il était distribué 13 sous à chaque chanoine assistant et 8 sous à chaque chapelain.

Charles VI, Charles VII, Louis XI, Charles VIII, Louis XII, François Ier, Henri II, François II, Henri III, Henri IV et Louis XIV confirmèrent aussi par lettres-patentes ces mêmes privilèges et immunités. Parmi ces princes, quelques-uns ne se contentèrent pas d'une simple

(1) D. Housseau, 3828, 3829.

approbation, ils voulurent eux-mêmes donner à l'église collégiale des marques royales de leur munificence et de leur piété.

Charles VII témoigna constamment une affection particulière pour Loches et la collégiale de cette ville ; il voulut même que ses chanoines ne pussent être mis en cause devant aucuns juges que ceux du présidial de Tours. Quelques années après, il accorda encore au chapitre le privilége de *garde gardienne*, tant pour ses membres que pour ses familiers, hommes et femmes, et autres serviteurs. Ce privilége consistait en ce que la connaissance des causes de ceux qui en jouissaient était attribuée aux juges royaux, avec exemption de la juridiction des seigneurs.

Les chanoines de Loches déclinèrent la juridiction du présidial de Tours par une supplique qu'ils présentèrent à Charles VII : ce monarque leur accorda le privilége d'avoir leurs causes commises au Parlement, tant en demande qu'en défense. Ce privilége leur fut accordé aux charges et conditions de faire annuellement deux services solennels pour lui et ses prédécesseurs, l'un le lendemain de la mi-août, et l'autre le lendemain de la fête de saint Hermeland. Ces services se nommaient *messes des priviléges*.

Louis XI donna de son côté à l'église collégiale une somme de 6,000 livres.

Enfin François Ier ajouta encore aux dons de ses prédécesseurs. Outre l'exemption des tailles et autres subsides dont jouissaient l'huissier portant le dragon aux processions et ses enfants, le monarque stipula la même faveur à l'égard du *valet* chargé de faire les communes affaires de l'église, et des deux charpentiers des moulins banaux et

2

des moulins de Corbery (1). Cette exemption de tailles fut aussi étendue aux bâtonniers du chapitre, en quelque endroit qu'ils fissent leur résidence.

Parmi les domaines seigneuriaux qui appartenaient au chapitre de Loches, nous devons mentionner : le fief du Chapitre, à Nouans; le fief de la Lardière, à Saint-Senoch; le fief de Rondeaux, à Saint-Jean-sur-Indre; le fief de Brouillart, à Genillé; le fief du Chapitre, à Francueil, qui fut vendu en 1515 moyennant cent livres, à Thomas Bohier, seigneur de Chenonceau; etc., etc. Les fiefs de la Lande et de la Follaine, à Azay-sur-Indre, relevaient à foi et hommage du Chapitre de Loches.

Une femme célèbre dans l'histoire par son patriotisme, et, il faut le dire, par le triste rang qu'elle occupait à la cour de Charles VII, Agnès Sorel, qui habita longtemps le château de Loches, et qui, nous l'espérons pour elle, racheta les fautes de sa vie par sa charité envers les pauvres et par sa mort chrétienne, fit présent à la collégiale d'une croix d'or destinée à renfermer le morceau de la vraie Croix donné à Notre-Dame par Foulques Nerra.

Les archives du Chapitre mentionnent aussi le don, fait par Agnès, d'une statue d'argent doré de sainte Marie-Madeleine, autour de laquelle était écrit : « En l'honneur et révérence de sainte Marie-Madeleine, noble damoiselle Madamoiselle de Beauté a donné cest image en ceste église du chasteau de Loches, auquel image est enfermée une coste et des cheveux de la dicte sainte, l'an 1444. »

---

(1) Les quatre moulins et la tour de Corbery avaient été donnés à la collégiale par Thomas Pactius. — *Chron. ecclesiæ B. M. de Lochis.*

Elle donna encore un bénitier d'argent, et plus tard, en reconnaissance de ce que les chanoines avaient acquiescé à son désir d'être inhumée dans leur église, elle fit à Notre-Dame un dernier présent de 2,000 écus d'or.

Voici comment un vieux chroniqueur, Alain Chartier, raconte les derniers moments d'Agnès Sorel, atteinte subitement d'un mal qui la conduisit en six heures au tombeau : « Elle eut moult belle contrition et repentance de ses péchés, et lui souvenoit souvent de Marie Égyptienne qui fut grand'pécheresse, et invoquoit Dieu dévotement et la vierge Marie à son aide, et comme vraye catholique, après la réception de ses sacrements, demanda ses heures pour dire les vers de saint Bernard qu'elle avait escript de sa propre main, puis trespassa. »

Le corps d'Agnès fut inhumé dans le chœur de la collégiale. Son tombeau en marbre noir était élevé au milieu de cette partie de l'église ; il avait 2 mètres 67 centimètres de long, sur 1 mètre de large et 83 centimètres de hauteur. Sur la table était la statue d'Agnès, représentée couchée, les mains jointes, la tête appuyée sur un oreiller, le tout en marbre ; on voyait de chaque côté un ange, placés l'un et l'autre derrière une couronne ducale taillée à cinq faces et creusée pour recevoir la partie supérieure de la tête de la statue d'Agnès ; à ses pieds étaient deux agneaux, symbole de la douceur de son caractère (1).

Entre toutes les inscriptions gravées sur le monument funèbre on lisait celle-ci : «Cy-git noble damoiselle Agnès Seurelle, en son vivant dame de Beautté, de Roquesserieu,

(1) *Tablettes chronologiques de la ville de Loches.*

d'Issouldun, et de Vernon-sur-Seine, piteuse envers toutes gens et qui largement donnoit de ses biens aux églises et aux pauvres; laquelle trespassa le neuvième jour de février, l'an de grâce mil-quatre-cent-quarante-neuf. Priez Dieu pour l'âme d'elle. *Amen.*»

Comme ce tombeau gênait beaucoup pour le service du chœur, les chanoines obtinrent de Louis XVI, en 1777, l'autorisation de le faire placer en une autre partie de l'église. Il fut mis dans un des côtés de la nef; il y resta jusqu'en l'année 1794. A cette époque les révolutionnaires le firent disparaître de l'église; enfin en 1809 un préfet d'Indre-et-Loire, M. Lambert, en entreprit la restauration, et par ses soins il fut placé là où il est aujourd'hui, dans la tour du château de Loches qui porte le nom d'Agnès.

Afin de mettre un peu de suite dans notre récit, nous avons groupé ensemble plusieurs faits qui se rattachaient à l'histoire de Notre-Dame de Loches, sans tenir un compte rigoureux de l'ordre chronologique ; nous allons reprendre cet ordre, autant qu'il nous sera possible, pour continuer l'histoire de l'église collégiale, depuis le commencement du XIVe siècle jusqu'à la révolution française.

CHAPITRE III

La procession des Corps saints. — La procession de la peste. —
Les Huguenots. — Fondations pieuses.

1300-1792

Le commencement du xive siècle fut pour la ville de
Loches et ses environs une époque de calamité. En l'année 1301 les biens de la terre furent gravement compro-
mis par une sécheresse extraordinaire. Pendant quatre
mois, du mois de février au mois de juin, aucune goutte
de pluie ne vint rafraîchir la terre aride et desséchée.
Aussi les peuples des villes et des campagnes étaient-ils
dans la consternation la plus profonde en se voyant mena-
cés d'une famine générale.

Mais alors on savait chercher dans la religion un remède
aux grandes calamités publiques. Plusieurs fois les habitants de la ville de Loches et des paroisses voisines étaient
venus supplier les chanoines de l'église collégiale d'or-
donner quelque prière solennelle pour obtenir de Dieu la
cessation d'une sécheresse si désastreuse. Le Chapitre avait

pendant quelque temps différé de répondre à ce vœu des
populations, dans la crainte, en cas d'insuccès, de voir se
décourager la foi et la piété des peuples. Toutefois les
instances devinrent si vives, les paroisses qui demandaient
ces prières étaient si nombreuses, enfin le mal occasionné
par la sécheresse était si grand, que les chanoines ne purent
refuser plus longtemps ce qu'on leur demandait.

Ils décidèrent donc qu'une procession solennelle par-
tirait de leur église collégiale pour se rendre à l'église de
Notre-Dame de Ferrières-sur-Beaulieu, et que dans cette
procession l'on porterait les reliques de saint Baud et de
saint Hermeland.

Au jour indiqué, une foule immense de fervents chrétiens se réunit à l'église collégiale : vingt-huit paroisses se
trouvaient représentées à cette grande manifestation religieuse, avec leurs croix et leurs bannières.

Quand le cortége se mit en marche, ce fut un beau spectacle de voir tout ce peuple recueilli s'avancer dans un
ordre parfait, s'unissant de cœur et de bouche aux prières
et aux chants sacrés !

Après les simples fidèles, venaient sur deux lignes les
bénédictins de l'abbaye de Beaulieu, les curés des vingt-
huit paroisses que nous désignerons bientôt, puis le Chapitre de la collégiale, enfin les châsses des deux saints confesseurs portées par des prêtres marchant nu-pieds.

A l'arrivée de la procession à Ferrières, le saint sacrifice
de la Messe fut offert dans l'intention d'obtenir de la pluie.
Après la Messe un chanoine monta dans la chaire de
l'humble église ; il annonça aux assistants que, si Dieu
exauçait leurs prières en leur accordant une pluie bienfai-

sante, le Chapitre de Notre-Dame de Loches, tant en son nom qu'en celui de toutes les paroisses qui assistaient à la procession, faisait le vœu de venir chaque année, à pareil jour (c'était le lendemain de la Fête-Dieu) et à perpétuité, processionnellement à Ferrières avec les saintes reliques; que de plus le Chapitre s'engageait à faire recouvrir de lames d'argent les châsses de saint Baud et de saint Hermeland, en reconnaissance de leur protection efficace.

A ces paroles le peuple fit éclater sa joie et ratifia le vœu qui venait d'être fait en son nom.

Dieu daigna montrer promptement combien cette promesse qu'on venait de lui faire lui était agréable, car au retour de la procession, après que tous les fidèles eurent baisé dévotement les châsses renfermant les reliques des saints confesseurs, le ciel se couvrit tout à coup de gros nuages; une brise rafraîchissante succéda à la chaleur accablante qui avait fait tant de mal depuis plus de quatre mois, et le soir même de ce jour si saintement employé, une pluie abondante mit fin à cette longue et désolante sécheresse.

Les chanoines et les paroisses si promptement exaucés n'oublièrent pas leur vœu. Chaque année, au vendredi de la Fête-Dieu, la procession dite des *Corps-Saints*, parce qu'on y portait les corps de saint Baud et de saint Hermeland, partait de l'église du château pour se rendre à Ferrières, à huit heures du matin. Les bénédictins de Beaulieu et les curés des vingt-huit paroisses dont nous allons donner les noms assistèrent à cette procession, depuis l'an 1301 jusqu'à l'année 1777. En cette année l'archevêque de Tours ordonna que désormais la procession se rendit de l'église collégiale à celle des bénédictins de Beaulieu, et il dispensa les curés des paroisses d'y assister.

Les curés tenus sous peine d'amende, depuis 1301 jusqu'en 1777, d'assister à la procession dite des *Corps-Saints*, étaient ceux de Loches, Beaulieu, Azay-sur-Indre, Chambourg, Chanceaux, Dolus, Saint-Baud, Mouzay, Vou, Cyran, Ève-le-Moutier, Varennes, Saint-Senoch, Perrusson, Saint-Jean, Verneuil, Vitray, Saint-Martin-de-Cerçay, Saint-Germain, La Chapelle Saint-Hippolyte, Sennevières, Aubigné, Genillé, le Liège, Saint-Quentin, Saint-Pierre-de-Chédigny, Saint-Michel-de-Chédigny et Ferrières.

Dans le xiv⁰ siècle l'église collégiale de Notre-Dame fut célèbre comme lieu de pèlerinage, et à cause des indulgences nombreuses dont les souverains Pontifes se plurent à l'enrichir.

Le pape Nicolas IV, par une bulle datée du 6 des kalendes de janvier, la deuxième année de son pontificat, avait accordé précédemment une indulgence de plusieurs années à ceux qui, après s'être confessés, visiteraient l'église Notre-Dame du château de Loches aux jours de la Nativité et de l'Assomption de la sainte Vierge.

Les souverains Pontifes Clément V, en 1306, Grégoire XI en 1377, et plus tard Urbain VIII, accordèrent aussi de nombreuses indulgences aux fidèles qui visiteraient, avec les formalités d'usage, la collégiale aux principales fêtes de l'année.

Il n'est donc pas étonnant que cette église, enrichie des précieuses reliques de la vraie Croix, de la ceinture de la sainte Vierge, de saint Hermeland et de saint Baud, et qui pouvait procurer à ceux qui la visitaient le grand bienfait des indulgences, ait été en si haute vénération auprès des peuples; que les chrétiens si pieux et si zélés de ces siècles de foi aient considéré cette église comme un lieu sacré où Dieu se plaisait à recevoir les hommages et les adorations de ses fidèles sujets, où il se montrait disposé à exaucer tous ceux qui venaient lui adresser leurs prières, par l'entremise de la très-pure Vierge Marie, patronne de ce temple vénéré.

Aussi dans les besoins particuliers et les calamités publiques, avec quel saint empressement ne venait-on pas chercher aide et secours à Notre-Dame de Loches !

Nous avons vu au commencement de ce xive siècle les populations se rendre en masse à la collégiale pour demander à Dieu les ondes bienfaisantes que réclamait la terre; vers la fin du xve siècle, en 1484, une autre génération, désolée par une calamité terrible, vint également à Notre-Dame du château en solliciter la cessation. La peste à cette époque avait envahi nos riches et saines contrées et y causait les plus horribles ravages. Depuis la Saint-Jean jusqu'à Noël, huit cents personnes avaient été frappées de mort, à Loches; dans ces jours de deuil l'on enterrait au cimetière de Vignemont jusqu'à dix-neuf personnes chaque jour.

Les habitants de Loches, si cruellement éprouvés, tournèrent leurs regards vers Notre-Dame du château, d'où le salut était tant de fois venu pour leurs pères. Sur leur demande les chanoines de la collégiale, suivis de tout le peuple, se rendirent processionnellement à l'église des

Cordeliers (1) , portant pieusement les reliques des deux protecteurs de la ville, saint Hermeland et saint Baud , ainsi que la précieuse relique de la vraie Croix. Pour fléchir la justice divine, la ville et le Chapitre firent le vœu de chômer à perpétuité la fête des deux saints confesseurs , comme on chômait à cette époque la fête de l'Invention de la vraie Croix.

Il nous faut maintenant aborder une des époques les plus tristes de notre histoire nationale. Nous sommes arrivés à la moitié du XVIᵉ siècle , au commencement du règne de Charles IX , qui monta sur le trône en 1560, à l'âge de dix ans. En ce moment les protestants de France, nommés Huguenots, profitant de la minorité du roi, jetaient le trouble et la confusion dans l'État par leurs exigences politiques et religieuses. Ils avaient pour chef principal le prince de Condé, qui chercha, par tous les moyens possibles, par la trahison et la félonie, à s'emparer du pouvoir et même de la personne de son jeune souverain. Partout où les huguenots passaient, les églises étaient pillées, les saintes reliques brûlées et leurs cendres jetées au vent. Ils ne se contentèrent pas de prendre des villes pour augmenter leurs forces et rendre plus durable leur résistance, ils osèrent se montrer traîtres envers leur patrie, comme ils l'étaient à l'égard de leur roi; on les vit donc livrer des villes françaises aux mains de l'étranger, afin d'en acheter des secours; c'est ainsi que la ville du Hâvre fut ouverte par eux aux troupes anglaises !

(1) Le couvent des Cordeliers fut fondé vers l'an 1229 ; l'église fut consacrée le 9 avril 1237. — Biblioth. Imp , fonds Gaignières, vol. 678, p. 285.

Pendant le cours de ces affreuses guerres civiles et religieuses, vingt mille églises furent détruites par les huguenots; dans la seule province du Dauphiné, ils égorgèrent cent cinquante-six prêtres et cent douze moines, et brûlèrent neuf cents villes ou villages qui avaient voulu leur résister.

Le féroce baron des Adrets, qui avait embrassé le parti des huguenots, et s'en était constitué le représentant et le chef dans ces provinces, se signala par d'effroyables barbaries. Il inonda du sang des catholiques le Dauphiné, le Lyonnais, le Languedoc et la Provence. Un jour, à la suite d'une orgie, il se donna le plaisir atroce de voir sauter, de la plate-forme d'une tour fort élevée, sur la pointe de piques placées en bas, les soldats catholiques de la garnison de Montbrizon, qu'il avait condamnés à ce genre de mort.

Condé, furieux de n'avoir pu surprendre le jeune roi Charles IX, se vengea de cet échec en s'emparant des villes soumises encore à l'autorité royale. Au mois d'avril 1562, il prit Orléans, dont il fit sa place d'armes. Pendant la nuit du 21 avril les temples catholiques de cette ville furent forcés, les images saintes brisées, les orgues détruites, les trésors de l'Église mis sous le sequestre et employés à la guerre contre elle. Bientôt après, Blois, Tours, Angers, Poitiers et Bourges tombaient entre les mains des religionnaires. Partout ce n'était que pillage, incendie, meurtre, profanation des églises et des choses saintes.

A Tours, les reliques de saint Gatien, apôtre de la Touraine, de saint Martin, le thaumaturge des Gaules, furent brûlées par ces hérétiques forcenés; quelques ossements de ces vénérés pontifes échappèrent à grand'peine à leur fureur sacrilége. Le corps de saint François de Paule, qui reposait dans l'église du couvent du Plessis-lès-Tours, fut aussi par eux livré aux flammes.

En 1562, Loches subit le même sort que tant d'autres villes; ses portes durent s'ouvrir aux ennemis du roi et de la religion; son château-fort tomba entre les mains des huguenots, ses églises enfin furent profanées et pillées.

La collégiale vit un jour son enceinte envahie par les huguenots; ses voûtes retentirent de leurs blasphèmes; ses autels furent dépouillés, ses croix renversées et foulées aux pieds, ses statues mises en pièces; mais heureusement on put soustraire aux mains sacriléges des profanateurs les reliques saintes, qui faisaient la richesse de l'église.

Quand ces jours de désolation et de deuil furent passés, que les hérétiques eurent été chassés et châtiés comme ils le méritaient, Notre-Dame du château de Loches présenta de nouveau à la vénération des populations catholiques les saintes reliques providentiellement conservées.

Les fidèles essayèrent par leurs libéralités de réparer les pertes que l'église collégiale avait faites en ces temps de dévastation; ils voulurent aussi, par des fondations pieuses, s'assurer dans cette église des prières à perpétuité pour le repos de leur àme.

Aux XVe, XVIe et XVIIe siècle, ces fondations étaient communes en France; elles le furent surtout à Notre-Dame de Loches. Les archives du Chapitre nous ont conservé les noms des nombreux fidèles qui avaient doté généreusement les chapelles de la collégiale, pour la plus grande gloire de Dieu, de la Vierge Marie et pour leur salut éternel, pendant ces trois siècles que nous venons de signaler. Dans la pensée des donateurs, c'était comme une protestation contre les sauvages fureurs des Réformés, destructeurs des églises et profanateurs des choses saintes ; c'était comme une amende honorable faite au Dieu tout-puissant, à la divine Mère de son Fils et à tous les saints habitants du ciel pour les outrages qu'ils avaient reçus de la part des hérétiques.

Parmi ces fondations de toute sorte, nous citerons de préférence celles qui suivent, parce qu'elles offrent un intérêt particulier.

Jean Picquene, chanoine de Notre-Dame, fit en 1480 une donation en faveur de l'église à laquelle il appartenait, pour que chaque année, au jour de la Purification de la sainte Vierge, fête qui se célèbre le 2 février et est appelée communément Chandeleur, les chanoines et employés du chapitre présents au chœur eussent un cierge entre les mains. Il est dit dans l'acte de donation que les chanoines auraient un cierge d'un quarteron de cire, et ceux « qui gagnent demi » un cierge de demi-quarteron.

Un autre chanoine, René de Baraudin, chargé, comme curé, de la paroisse Saint-Ours (1), voulant ajouter plus de pompe et d'éclat à la fête du patron de la ville de Loches, fit en 1634 une fondation à Notre-Dame du château, pour que chaque année, au jour de la fête de saint

---

(1) L'ancienne église paroissiale de Saint-Ours, aujourd'hui détruite, s'élevait au pied du château, dans la petite rue qui porte encore son nom. Elle fut donnée, dès le XIe siècle, à l'abbaye de Beaulieu, par Geoffroy, comte d'Anjou, fils de Foulques-Nerra. D. Housseau, 453, 475.

3

Ours, le Chapitre de la collégiale se rendit processionnellement en l'église paroissiale.

Mais voici la fondation qui nous parait la plus remarquable : c'est celle des Saluts solennels de l'Octave du Saint-Sacrement, faite en l'année 1667 par le chanoine-chantre Claude Quentin.

La fête du Saint-Sacrement, appelée Fête-Dieu, avait pris naissance dans la ville de Liége en 1249. Le souverain Pontife Urbain IV, archidiacre de l'église de Liége avant son élévation sur la chaire de saint Pierre, par une bulle adressée à tous les évêques, en 1262, avait ordonné que la fête, propre au seul diocèse de Liége, fût célébrée dans toute l'étendue du monde catholique, le jeudi après l'Octave de la Pentecôte. Urbain IV mourut peu de temps après la publication de sa bulle ; ses successeurs immédiats n'en pressèrent pas l'exécution ; mais en 1311 Clément V, dans le concile de Vienne, confirma l'institution de la Fête-Dieu. A partir de cette époque la belle fête du Saint-Sacrement fut célébrée dans toutes les églises du monde catholique, au jour fixé par Urbain IV, et le magnifique office que saint Thomas d'Aquin avait composé pour cette grande solennité ne contribua pas peu à en rehausser l'éclat.

Il est à remarquer cependant que les bulles des papes qui établirent et rendirent obligatoire la Fête-Dieu ne parlent ni de l'exposition du Saint-Sacrement, ni de la procession, ni des saluts de l'Octave.

La Fête-Dieu, dans son origine, consistait en un office solennel qui ne se distinguait en rien de celui des autres grandes fêtes de l'année. Bientôt cette fête fut accompagnée d'une procession dans laquelle on ne portait pas le Saint-Sacrement, mais on y chantait des répons, des psaumes et des hymnes en l'honneur de l'Eucharistie.

Il y a trois siècles à peine, écrit un habile liturgiste, M. l'abbé Pascal, que l'usage de porter le Saint-Sacrement en procession, de l'exposer à l'adoration des fidèles et de faire des saluts solennels où l'on donne la bénédiction, est universellement établi.

Ces éclaircissements sur le développement successif des différentes parties de la fête du Saint-Sacrement nous font découvrir dans la fondation qui fut faite en 1667, à Notre-Dame de Loches, pour les saluts solennels de l'Octave du Saint-Sacrement, l'origine de ces saluts à l'église collégiale.

Avant la fondation que nous mentionnons, la procession solennelle du jour de la Fête-Dieu se faisait à Notre-Dame de Loches avec la plus grande pompe; celle de l'Octave se faisait également, mais avec moins de solennité, puisque l'on se contentait, à cette occasion, de porter processionnellement le Saint-Sacrement autour de l'église, après la Messe du matin, tandis que le jour même de la fête la procession se rendait à l'église des Bénédictins de Beaulieu. Mais les saluts de l'Octave ne se célébraient pas encore à l'église collégiale; s'il en avait été autrement, quel aurait été le but de cette fondation du chanoine Quentin?

Voici l'ordre des saluts réglé par le fondateur lui-même, avec les décisions prises à ce sujet par le Chapitre:

1° Chant de l'Antienne *Christum Regem;* 2° *Pange lingua* ou *Sacris solemniis* donné alternativement par l'orgue et le chœur chantant l'hymne en faux-bourdon;

3° la Prose *Lauda Sion*, en plain-chant avec accompagnement d'orgue ; 4° un motet en musique, soit l'Antienne
O sacrum convivium ou tout autre morceau en l'honneur
du Saint-Sacrement.

Après ces chants, venaient les versets et Oraison au
Saint-Sacrement, et ensuite la bénédiction.

Comme on le voit, c'est, à peu de chose près, l'ordre
que l'on suit encore pour les saluts solennels de l'Octave de
la Fête-Dieu.

Chaque chanoine devait officier à son tour à ces saluts,
le prieur d'abord et ensuite les autres membres du Chapitre.

Pour compléter ce qui venait d'être réglé à l'occasion de
la semaine du Saint-Sacrement, le Chapitre, en acceptant
la fondation de Claude Quentin, décida que le jour
de l'Octave la procession, qui jusque-là s'était faite le
matin après la messe, dans l'église, se ferait dorénavant
après le dernier salut, autour du château, et que le Saint-
Sacrement serait porté par le chanoine en exercice ce
même jour.

Par suite de la même donation, les chanoines de Notre-
Dame prirent l'engagement de chanter tous les jours en
faux-bourdon la strophe *O salutaris Hostia*, après l'élévation du Saint-Sacrement, à la grand'messe.

Terminons ce chapitre de l'histoire de Notre-Dame de
Loches avant la révolution française, en mentionnant que
le 3 mai 1738 les chanoines de l'église portèrent la ceinture de la sainte Vierge en procession, autour du cloître
du château, afin d'obtenir de Dieu par l'entremise de
Marie la cessation de pluies continuelles qui nuisaient
grandement aux biens de la terre.

CHAPITRE IV

Dévastation et pillage de la collégiale pendant la Révolution. —
Réouverture de l'église de Notre-Dame sous le vocable de saint
Ours.

1792 - 1862

Le temps était venu où cette église vénérable, qui
comptait plus de huit cents ans d'existence, allait être in-
dignement profanée; son glorieux passé ne devait pas la
préserver des outrages des révolutionnaires! L'église
Notre-Dame du château de Loches était un temple consacré au vrai Dieu, un temple fondé, enrichi, visité par
des princes et des rois; elle devait, pour ces raisons,
porter les marques de la haine que les hommes de la Révolution avaient pour Dieu et son culte, pour les rois et les
grands.

Après avoir exigé de tous les prêtres catholiques un serment que leur conscience leur interdisait de prêter et qui
devint le signal de sanglantes persécutions, les chefs
avancés de la Révolution conçurent le projet d'anéantir en
France la religion catholique. Des ordres furent donnés
pour le pillage de toutes les églises, et les comités révolu-

tionnaires, établis dans les quatorze mille communes de la république, s'acquittèrent en impies de cette impie commission. Partout on ne rencontrait que bûchers où brûlaient les livres d'église, les chaires, les confessionnaux, les ornements sacrés, les tableaux, les reliques des saints, et l'on voyait autour de ce feu la populace ivre de vin et d'impiété danser en blasphémant le Dieu de ses pères !

On mutila les statues des saints, on brisa les croix, on enleva le fer des grilles, on fondit les cloches, on abattit même quelques clochers, sous le ridicule prétexte que par leur élévation ils blessaient l'égalité républicaine.

Qui pourrait énumérer les églises qui furent détruites en ces temps malheureux ? Parmi celles qui restèrent debout après leur profanation, les unes furent converties en magasins ou en écuries, les autres servirent au culte nouveau que les hommes du jour voulurent substituer au culte du vrai Dieu, et devinrent les temples de la Raison. Cette nouvelle Divinité eut des statues vivantes, et ce fut sous les traits d'infâmes prostituées, qui se plaçaient sur l'autel, qu'elle reçut l'encens et les hommages d'un peuple en délire !

Dans ces jours de funeste mémoire, les chants sacrés, qui depuis huit siècles retentissaient quotidiennement sous les voûtes de Notre-Dame de Loches, vinrent à cesser ; le divin Sacrifice ne fut plus offert sur ses autels dépouillés ; les prêtres fidèles qui la desservaient furent obligés de fuir la persécution et la mort.

Enfin, une horde sauvage et impie fit irruption dans cette église autrefois si respectée ; elle venait, le blasphème à la bouche, piller l'antique sanctuaire de Marie. En un instant les croix furent renversées et foulées aux pieds, les images et les statues des saints furent déchirées et brisées, les orgues elles-mêmes furent mises en pièces; les vases sacrés et les ornements précieux que possédait la collégiale furent enlevés.

C'est alors que disparurent pour toujours le très-beau reliquaire d'argent doré, en forme d'église, renfermant un autre reliquaire composé d'une agathe précieuse montée sur vermeil et qui contenait la ceinture de la sainte Vierge;

Les châsses des corps de saint Hermeland et de saint Baud couvertes d'argent, avec figures relevées en bosse et dorées pour la plupart;

Une colombe d'argent doré suspendue autrefois au-dessus du grand autel et dans laquelle avait reposé le très-saint Sacrement;

Une belle croix d'or, ornée de pierres et de perles précieuses, qui contenait des reliques de la vraie Croix;

Une statue d'argent doré de la sainte Vierge tenant l'enfant Jésus entre ses bras;

Une petite statue d'argent doré de sainte Marie Madeleine, contenant quelques reliques de cette illustre pénitente;

Plusieurs autres reliquaires en argent, de différentes formes, dans lesquels étaient renfermées des reliques de saint Paul, de saint Matthieu, de saint Barthélemi, de saint Martin, de saint Grégoire, de saint Gilles, de saint Blaise et de saint Malo;

Un superbe livre des saints Évangiles (1) recouvert

---

(1) C'était peut-être le même évangéliaire que Thomas Paclius avait donné à la collégiale avec d'autres manuscrits précieux. — *Chron. ecclesiæ B. M. de Lochis.*

d'argent doré, enrichi d'un très-beau crucifix au pied duquel se trouvaient représentés la sainte Vierge et saint Jean, en argent doré relevé en bosse.

Enfin, une grande croix de procession en argent massif, des chandeliers, des encensoirs, des burettes, un bénitier, des lampes, des calices en argent, deux très-beaux calices en vermeil, devinrent la proie des patriotes sacriléges et voleurs.

Ils n'oublièrent pas non plus de mettre la main sur les belles cloches de l'église Notre-Dame; ils descendirent, pour les briser, les deux grosses cloches placées dans le clocher qui surmonte la tribune, et les quatre moyennes que renfermait l'autre clocher.

Après avoir tout pillé, tout dévasté, les révolutionnaires se retirèrent chargés de leur riche butin. Ils épargnèrent le monument, qu'ils voulaient transformer en un temple de la Raison, mais ils eurent soin d'en faire disparaître tout ce qui pouvait rappeler sa destination primitive.

Que de mutilations ils lui firent subir!

Quand vous entrez dans cette antique église du château de Loches, vous trouvez sous le porche magnifique qui la précède des traces ineffaçables de la fureur révolutionnaire. Le portail qui met le porche en communication avec l'église vous apparaît affreusement mutilé. Les statues des saints, des anges, de la Vierge Marie, qui le décoraient, ont été frappées par le marteau de ces nouveaux vandales. Tout ce qui faisait saillie, les têtes, les bras, ont été abattus; des nombreuses statues qui décoraient le portail et le porche, il ne reste plus que d'informes débris!

Dieu permit que cette œuvre de destruction restât inachevée pour montrer aux générations futures combien sont tristes les fruits que produit l'impiété.

Quand les églises furent rendues au culte catholique, ce dut être pour les démolisseurs un châtiment terrible que ces restes mutilés échappés à leur fureur et disant éloquemment à tous ceux qui s'arrêtaient devant eux : « Voilà l'ouvrage de ces fiers révolutionnaires qui, ne pouvant s'attaquer à Dieu lui-même, dont ils voulaient détruire le culte ici-bas, déversèrent leur haine sacrilège sur ses temples et ses images, sur celles de la Vierge et des saints. »

Jusqu'à l'époque du Concordat de 1802, l'église collégiale servit de lieu de réunion pour les fêtes décadaires.

Enfin, à ce moment Dieu mit un terme aux épreuves du catholicisme en France. Le général Bonaparte, étant devenu premier consul, et par là même chef de l'État, rétablit dans notre pays l'exercice du culte catholique, de concert avec le souverain Pontife Pie VII. La France entière accueillit avec des transports de joie cette restauration religieuse; les efforts que l'impiété avait faits pour étouffer en France la religion n'avaient servi qu'à procurer à cette religion divine un éclatant triomphe.

Quoique rendue au culte, l'église collégiale et royale du château de Loches ne devait pas revoir son brillant passé ; elle était pour jamais privée de son nombreux clergé, de ses douze chanoines, de ses chapelains, de ses clercs, de ses riches possessions ; elle devait cependant avoir encore un bel avenir, car l'église de Saint-Ours ayant été détruite pendant la tourmente révolutionnaire, la collégiale devint l'église paroissiale de Loches, sous le vocable de saint Ours, le glorieux patron de la ville.

On n'oublia pas toutefois à Loches que la nouvelle église paroissiale avait été primitivement dédiée à la sainte Mère de Dieu. Il semble même que la divine Providence ait voulu que la sainte Vierge fût, à partir de cette époque, honorée plus encore qu'autrefois dans l'église du château. En effet, avec la ceinture de la Vierge sauvée comme par miracle, lors du pillage de 1793, on y vénère une statue antique de Marie, connue sous le nom de Notre-Dame de Beautertre.

Aussi le peuple de la ville et des campagnes vient-il avec empressement, à différentes époques de l'année, rendre ses hommages à la Reine des cieux, dans son antique sanctuaire du château, attiré qu'il y est par le désir de vénérer la ceinture de l'auguste Vierge et la statue de Notre-Dame de Beautertre.

Après avoir esquissé à grands traits l'histoire de l'antique église du château de Loches, nous allons, dans le chapitre suivant, en donner une description scientifique détaillée. Nous essaierons de faire connaître quelle était la forme de l'église construite par Geoffroy Grisegonelle, ce qui a pu en être conservé quand Thomas Pactius entreprit de la reconstruire ; nous étudierons ensuite dans tous ses détails ce magnifique monument élevé à la gloire de la Reine des cieux par le généreux prieur du chapitre collégial et royal ; enfin nous dirons les importants travaux que l'on a entrepris depuis une vingtaine d'années pour rendre à la vieille collégiale son cachet primitif et pour l'embellir en la restaurant selon les règles de l'art chrétien.

CHAPITRE V

Description de l'église du château de Loches. — Différentes trans-
formations de ce monument. — Inscriptions tumulaires. —
Restauration de M. l'abbé Nogret.

L'église du château de Loches, telle que nous la voyons
actuellement, présente deux styles principaux : l'un qui
appartient à l'architecture romane primordiale, et qui ne
s'observe que dans les parties de l'église de Geoffroy Grisegonelle conservées par Thomas Pactius ; l'autre qui appartient à l'architecture romane tertiaire ou de transition, et
qui consiste dans un mélange des formes romanes et des
formes byzantines. C'est ce style de transition entre l'architecture romane et l'architecture ogivale que Thomas Pactius
voulut appliquer dans la reconstruction de sa collégiale ; il
le fit avec le plus grand succès.

« Ainsi le temple est précédé d'un vestibule ou pronaos ;
la toiture est en pierres plates, comme dans l'Orient ; les
anciennes voûtes romanes qui pesaient sur la prière, font
place à des pyramides évidées comme des coupoles ; les
arceaux sont plus hardis, les colonnes plus hautes ; partout

enfin se trouve un élancement inconnu jusqu'alors à l'architecture et qui prend l'art byzantin comme expression, avant d'adopter définitivement l'ogive.

« A l'extérieur, Notre-Dame de Loches frappe surtout par un caractère étrange et original. Deux clochers pyramidaux, de forme octogone, couronnent la façade et le transsept ; autour d'eux s'élèvent des clochetons, des tourelles, et dans l'espace qui les sépare vous apercevez les deux cônes des douves (dômes ou voûtes) semblables à deux autres pyramides. Sans doute ces coupoles, ces campaniles, sont loin d'avoir (malgré leur hauteur, qui atteint pour les plus élevées à 40 mètres) la légèreté et l'élégance des flèches de l'art ogival, mais elles sont plus loin encore de la pesanteur massive des tours carrées de l'art roman. Ce qui agrandit surtout l'impression, c'est leur nombre, c'est cette suite non interrompue d'élévations qui nulle part ne laissent place à la ligne horizontale, dans la disposition des combles, et qui montent, comme les nuées de l'encens, vers le ciel (1). »

Dans une intéressante étude sur l'ancienne collégiale du château de Loches, M. l'abbé Baunier a parfaitement indiqué, selon nous, ce qui doit être regardé comme ayant fait partie de l'ancienne construction du comte d'Anjou et ce qui doit être regardé comme l'œuvre de Thomas Pactius.

Nous allons faire de nombreuses citations de son beau travail.

Quelle était d'abord la forme de l'église de Geoffroy Grisegonelle ? Celle à peu près de l'église actuelle, moins les bas-côtés, qui furent ajoutés plus tard. Elle se composait

(1) *La Touraine*, article *Loches*.

d'une nef terminée par un rond-point et de deux transsepts formant, avec la nef et son rond-point, une croix latine. Deux chapelles s'ouvraient sur le côté Est de ces deux trans· septs. Les deux clochers terminaient, comme aujourd'hui, la nef de l'église à ses deux extrémités.

Quoiqu'il soit assez difficile de désigner d'une manière précise ce qui peut être resté de l'église de Geoffroy, voici, dit M. Baunier, les parties que nous croyons lui appartenir :

« Les deux arceaux sous lesquels on passe en entrant dans l'église, soutenus par quatre demi-colonnes cylindriques, courtes et basses, sans renflement au milieu, au chapiteau orné d'animaux et de feuillages ;

« La tribune formée par le sommet de la tour quadrangulaire qui la domine et qui devait se terminer par une plate-forme, car à cette époque on ne savait pas encore marier le toit octogone aux tours quadrangulaires ;

« La partie basse des murs de la grande nef et plusieurs autres parties de mur répandues çà et là ;

« La pesanteur des colonnes d'entrée, l'appareil formé de pierres irrégulières séparées les unes des autres par une couche de ciment ou mortier assez épaisse et saillante, tout cela semble retracer la grossière construction de cette époque. »

L'œuvre de Thomas Pactius comprend une grande partie de ce que nous voyons maintenant. Les trois chapelles circulaires de l'abside et leurs trois fenêtres à doubles colonnes cylindriques, les arcades ogivales de la grande nef, les colonnes et les contreforts qui leur servent d'appui et qui s'élèvent jusqu'au comble de l'édifice, les voûtes pyramidales soutenues par ces arcades et ces colonnes dont nous venons de parler, les grosses colonnes cylindriques qui mettent le chœur en communication avec la nef et les transsepts, un cordon en dentelures qui circule autour de la nef, paraissent avoir été construits, sinon en entier, du moins en très-grande partie par le prieur du chapitre.

Les deux colonnes de l'entrée du chœur sont coupées au milieu de leur hauteur et terminées en cul-de-lampe par un groupe qui présente quelque particularité. Il offre des personnages grotesques que leur attitude pénible et leur face grimaçante, leur tunique serrée et leurs formes hideuses semblent faire reconnaître pour des serfs. Ces corps paraissent soutenir avec d'horribles grimaces le poids du saint édifice.

La tour quadrangulaire avec ses quatre clochetons, placée sur le milieu des deux transsepts, ainsi que le toit octogone qui la surmonte ; les deux tourelles rondes réunies par une saillie et qui, placées à l'un des angles de la tour, renferment l'escalier qui y conduit ; le toit octogone, appuyé sur une base de même forme, qui repose sur la tour de l'ouest, semblent par leur forme et leur construction avoir pris naissance au XIIᵉ siècle.

Mais l'ouvrage le plus intéressant de cette époque, c'est le portique de la collégiale. Il est carré et comprend la largeur de l'église. L'on avait coutume d'installer sous ce porche le doyen du chapitre, qui prenait le nom de prieur.

Voici, d'après les archives de l'ancienne collégiale, comment les chanoines procédaient à l'installation du prieur.

Celui que le roi avait élevé à la dignité de prieur du chapitre de la collégiale Notre-Dame de Loches venait d'abord à la salle capitulaire présenter aux chanoines ses lettres de nomination; il se rendait ensuite sous le porche de l'église. Les chanoines, revêtus de chapes de soie, allaient processionnellement rejoindre le nouveau prieur à l'entrée de la collégiale et recevaient le serment qu'il prêtait debout. Le prieur prenait ensuite un surplis et une chape de soie, puis le chantre entonnait une antienne à la sainte Vierge, et la procession revenait à l'église au son de toutes les cloches. Le chantre, à l'arrivée au chœur, faisait asseoir le nouveau prieur dans la stalle qui lui était destinée, et quand l'antienne était terminée et l'oraison chantée, tous se rendaient à la salle du chapitre. Là encore, le chantre donnait la première place au prieur, et tous les chanoines l'admettaient au baiser de paix.

On voit sur les voussures de la porte qui introduit dans l'église deux rangs en relief de figures grotesques et monstrueuses, corps humains surmontés de têtes d'animaux, têtes d'hommes égarées sur des corps de bêtes, figures tantôt grimaçantes, tantôt ouvrant une gueule immense, etc. Au-dessus de ces figures grotesques, sont les statues des bienheureux qui ont combattu pour le Christ. Elles sont placées circulairement le long du cintre de la porte de l'église. Des deux côtés sont d'autres statues de saints de grandeur naturelle, tenant au mur, offrant de longs bustes, une sorte de roideur et d'absence de mouvement; à leurs pieds, on voit une tête ouverte d'une manière horrible.

Le vandalisme révolutionnaire a détruit en partie ce précieux travail.

Dans tous ces monstres et ces grotesques, nous voyons

une personnification des esprits de ténèbres, car le démon joue un grand rôle dans les créations du moyen-âge. « Les artistes, dit M. Paul Lamarche, protestèrent de leur haine contre lui en accumulant dans sa personne tous les types de la méchanceté et de la bassesse ; ils empruntèrent au règne animal les formes les plus hideuses ; la nature ne leur suffisant pas, ils inventèrent de monstrueuses combinaisons ; chaque trait ajouté à l'opprobre du maudit fut de leur part un acte de piété. »

Aux angles du portique, le long des corniches, en regard des statues des bienheureux, on voit des animaux hideux : une tête qui grince des dents, image de ceux qui ne connaissent ni espérance ni repentir ; plus loin, deux lions en fureur, symbole de la colère ; deux hiboux, l'un à tête d'homme, l'autre à tête de femme, figure de la volupté. Un cavalier à la physionomie inquiète semble personnifier l'avarice. Chacune de ces créations traduit énergiquement le dicton populaire et chrétien : « Laid comme le péché mortel. »

A un autre angle du même portique, on distingue plusieurs colombes, symbole de la vertu ; deux d'entre elles boivent dans un vase à deux anses, élevé à la hauteur de leurs têtes ; deux autres semblent becqueter des feuilles d'arbre.

Au-dessus des corniches, aux angles les plus rapprochés de l'entrée de l'église, étaient autrefois des anges gardiens sculptés en relief ; on voit encore la forme de leurs ailes ; ils ont entièrement disparu sous le marteau des révolutionnaires.

Aux deux autres angles, du côté de la porte principale de

sortie, on voit qu'il y avait des statues ; on ne peut savoir ce qu'elles représentaient, car elles ont été enlevées à l'époque de la Révolution.

Il est des personnes qui, ne voyant dans les grotesques de la porte de l'ancienne collégiale de Notre-Dame de Loches qu'un sujet de scandale pour la piété chrétienne, voudraient précipiter des murs tant de figures monstrueuses, si mal placées, leur paraît-il, à l'entrée du saint lieu. Quant à nous, nous voyons ici une idée spirituelle et religieuse rappelant bien les siècles de foi qui ont produit toutes ces créations.

En contemplant tour à tour l'image du péché et de la vertu, ne se rappelle-t-on pas cette leçon que nous donne l'Esprit-Saint par la bouche du roi-prophète : *Declina a malo et fac bonum*, détournez-vous du mal et faites le bien.

Ce lion rugissant rappelle au chrétien qu'il doit joindre la prière à la vigilance, s'il ne veut pas devenir la proie d'un ennemi cruel et terrible.

L'union de ces deux colombes dit qu'il faut que les bons s'unissent par les liens d'une étroite charité pour lutter plus victorieusement contre les efforts des méchants.

La figure du Christ et celles de la Vierge, des saints et des anges qui s'offrent aux regards des fidèles quand ils pénètrent dans l'église, leur donnent ce consolant enseignement : Si la vie de tout homme, mais surtout du chrétien, est un combat continuel, si à chaque instant, pour ainsi dire, il faut qu'il lutte contre le démon et contre ses passions, représentés par ces monstres hideux qui entourent la porte de l'église, il doit se sentir grandement encouragé à la pensée qu'il a pour témoins de ses combats Jésus-Christ, le Saint des saints, les bienheureux déjà en possession de la gloire céleste, et les anges, ministres des volontés du Très-Haut, gardiens et protecteurs de l'homme.

On ignore qui a fait construire les deux parties de l'église ajoutées au nord et au midi. La chapelle de gothique flamboyant, qui est dans l'épaisseur du mur de la nef du côté gauche, a été fondée en 1442 par Georges, seigneur de Préaux, en Touraine, et de la Charprais. Un mausolée était autrefois élevé dans cette chapelle; tout autour étaient représentés douze chanoines, l'aumusse sur la tête; le doyen était coiffé d'une mitre, ainsi que le chantre, dont le bâton, fait presque comme une canne, se terminait par une petite pomme (1).

On voyait, avant la Révolution, dans l'église collégiale plusieurs chapelles et un grand nombre d'autels qui nuisaient peut-être à la régularité du saint édifice, mais qui étaient nécessaires, à cette époque, aux chanoines et chapelains pour la célébration quotidienne du saint sacrifice de la Messe.

Dans le transsept du côté sud de l'église se trouvait la chapelle de saint Pierre, devenue plus tard chapelle de Notre-Dame de Délivrance; plus bas, s'ouvraient les chapelles réunies de Saint-Nicolas et de Sainte-Marguerite, entièrement isolées du reste de l'église; la salle du Chapitre venait du même côté, après ces deux chapelles.

---

(1) On peut voir le dessin de ce magnifique mausolée, à jamais regrettable, dans le tome Ier, fol. 186, des *Tombeaux et Épitaphes des Églises de France*, coll. Gaignières, à la biblioth. Bodléienne d'Oxford.

Dans le transsept du côté nord, se trouvait la chapelle de la Communion, actuellement chapelle de Notre-Dame de Beautertre; puis venait la chapelle de Saint-René, chapelle gothique, que l'on voit encore, mais qui n'a plus d'autel. De ce même côté, parallèlement à la salle du Chapitre, se trouvait la chapelle de Saint-Jean, grande et belle chapelle gothique, dont on ne sait plus l'origine et qui forme actuellement la majeure partie de la nef latérale de ce côté.

Dans la nef principale de l'église il y avait quatre autels; deux étaient situés au bas et à l'entrée du chœur: c'étaient à droite l'autel de la sainte Vierge et à gauche celui du Crucifix. Le chapelain de l'autel du Crucifix, devant lequel se faisaient les services funèbres des employés de l'église et les autres fonctions curiales, portait le nom de curé du Chapitre.

Les deux autres autels placés presque au milieu de la nef, mais adossés aux murs, étaient celui de Saint-Louis, à droite, et à gauche celui de Saint-Hermeland.

Voici quelques-unes des inscriptions que l'on voyait autrefois dans l'église collégiale, et dont plusieurs ont été conservées ou replacées:

1° En mil quatre-cent soixante-sept, funda maistre Loys Furet, chanoine en l'église de céans, une anniversaire pour luy et des sians, au jour et feste de saint Loys. Dieu leur octroye paradis.

2° Cy d'avant git le corps de vénérable discret maistre François Marcadet, en son vivant pbr. chantre et chapelain ordinaire du roy, chantre et chanoine de l'église de céans, curé de Notre-Dame de Courgon, qui décédda le

16ᵉ jour de jucillet 1556. Priez Dieu pour son âme.

3° Au bas de la porte du chœur, il y avait une tombe garnie de lames de cuivre et de larmes de bronze; elle était à fleur de terre et on y lisait l'inscription suivante :

> Sous ce pieux édifice dolent
> Si gist le corps de messire Roland
> De Lescouët, trez lial chevalier
> En son vivant, chambellan, conseiller
> Du roi des Francs, et grand veneur de France;
> De Montargis baillif de grand'prudence,
> Maitre des eaux et forêts de Touraine;
> De Loches fust général capitaine
> Et de Bourgoin; moult vaillant et expert.
> Seigneur aussi estoit de Héripert
> Et de Kemblec, voire de Grillemont,
> Qui trespassa, comme tous vivants font,
> Le jour mortelle dixiesme de décembre
> Mil et cinq cents, de ce suis je remembre;
> Et puis luy mort fust mis soubs cette lame.
> Priez Dieu qu'il daigne avoir son âme.

4° Près de la chapelle de Sainte-Barbe dans la nef, on lisait l'épitaphe suivante, surmontée des armes de Polastron de la Hillière, *d'argent, au lion de sable, armé, lampassé de gueules* (1) :

(1) Biblioth. Bodléienne d'Oxford, *Tombeaux et Épitaphes des Églises de France*, tome 1ᵉʳ, fol. 46. — Nous devons la communication de cette note à l'obligeance de M. l'abbé C. Chevalier.

Cy gist le coeur de hault et
puissant seign[r] Messire Iean
Gabriel de la Hylliere, chevallier
seigneur de Grillemont, sergent
major au régiment des gardes
et commandant pour sa Majesté
es villes et chasteau de Loches
et Beaulieu : le corps duquel
repose en l'eglise des Perres
Minimes de Mongogé : il deceda
le dernier iour d'aoust 1630,
soubz le regne de Louis xiii.

Priez Dieu pour son âme.

Cy gist le coeur de la Hylliere,
Non : il est logé dans le ciel,
Qui rempli d'une humeur guerriere,
N'eut onques de peur ny de fiel.

Lorsque M. Nogret prit possession de son église paroissiale, il la trouva dans un état qui laissait fort à désirer.

L'œuvre de Thomas Pactius était en effet fort dégradée;
les voûtes et les clochers ne présentaient plus assez de soli-
dité; les murs étaient minés par l'humidité dans leur
partie inférieure; puis, des réparations anciennes faites
sans aucun goût, avaient ôté à l'église son cachet monu-
mental, tant à l'intérieur qu'à l'extérieur. Ainsi, par
exemple, les voûtes pyramidales avaient été extérieure-
ment recouvertes d'ardoises, la belle fenêtre du milieu du
sanctuaire avait été masquée par des décorations d'un mal-

heureux effet. M. le curé Nogret voulut rendre à l'ancienne collégiale son cachet primitif et faire disparaître les ravages de toute sorte qu'elle avait dû subir. Grâce au bienveillant concours d'une amitié puissante qui intéressa le Gouvernement à son œuvre de restauration, M. le Curé put se féliciter d'un succès complet. La restauration du monument sacré fut faite avec beaucoup d'habileté, sous la direction de l'architecte M. Verdier, et sous l'inspection de M. Baillargé. On peut dire que l'église a été reprise en sous-œuvre presque en son entier, depuis la partie inférieure des murs jusqu'au sommet des clochers.

L'œil n'est plus choqué à l'extérieur par cette couverture d'ardoise qui ôtait toute grâce aux pyramides et les rendait si pesantes. A l'intérieur tout est remis à neuf : on ne pourrait croire que ce monument sacré a vu passer près de neuf siècles ; le sanctuaire étincelle de clarté depuis que les trois fenêtres, qui en sont le plus bel ornement, ont été entièrement dégagées. La lumière, se jouant à travers les vitraux peints qui décorent les fenêtres, se répand dans tout l'édifice, après avoir emprunté aux verrières leurs teintes d'or et d'azur.

La fenêtre du milieu a été ornée d'un beau vitrail qui représente la Reine du ciel, couronne en tête, sceptre en main, tenant son divin Fils entre ses bras. (Cette verrière provient de la manufacture de vitraux peints de Tours, dirigée par l'habile M. Lobin.) Les deux autres fenêtres sont garnies de mosaïques d'un bel effet, dues au goût intelligent de M. le marquis de Bridieu.

On a su tirer un très-bon parti des chapelles latérales qui s'étaient trouvées annexées à différentes époques à l'église collégiale. Primitivement, comme nous l'avons déjà dit, cette église n'avait qu'une nef terminée par le sanctuaire, et deux transsepts formant avec la nef une croix latine. Les chapelles que l'on éleva plus tard de chaque côté de la nef furent pendant longtemps tout à fait isolées de l'église. Celles du nord furent converties en nef latérale, à une époque déjà reculée. Des arcades percées dans l'épaisseur du mur les ont mises en communication avec l'église proprement dite ; cependant elles n'ont été complétement restaurées que depuis l'année 1857.

La nef latérale du midi existe depuis fort peu de temps. Elle a été faite presque en son entier ; elle sert pour les catéchismes des enfants de la paroisse.

En l'année 1839, on a découvert sous l'église une crypte ou chapelle souterraine, dédiée à saint Martin, évêque de Tours et patron du diocèse. Cette chapelle avait été entièrement comblée de terre, en 1793, lorsque les hommes de la Révolution transformèrent Notre-Dame en temple décadaire.

Voici la description qu'en a donnée M. de Pierres, qui en fit la découverte avec M. le curé Nogret :

« Après un long travail, nous pûmes descendre sous la voûte très-bien conservée de cette crypte assez moderne, car nous remarquâmes aux deux extrémités des voussures, à droite et à gauche de l'autel, les armes de France, à fleurs de lis oblongues, écartelées avec deux dauphins, ce qui nous fit penser que Louis XI avait dû en être le fondateur.

« Nous trouvâmes un modeste autel de pierre, en forme de tombeau ; une seule marche le mettait au-dessus du niveau des dalles de la chapelle; la place de la pierre sacrée était parfaitement marquée.

«Des peintures à fresque, dans un état de destruction presque complet, ornaient la voûte entière, les parois de la chapelle, et nous ont paru représenter les guerres de saint Martin. Au bas de l'escalier, à gauche, en face de l'autel, le saint évêque de Tours était figuré en costume épiscopal, et au-dessus de sa tête étaient écrits ces mots, très-lisibles encore, *Sanctus Martinus.* »

Cette chapelle fut restaurée aux frais de M. le curé Nogret; on y a déposé les ossements de quelques prêtres attachés au service de la collégiale avant la Révolution. Ces ossements avaient été trouvés dans les fouilles que l'on fit autour de l'église, lorsqu'on entreprit sa restauration.

On descend à la crypte par un escalier auprès de la sacristie, et qui conduit également au clocher assis sur le chœur.

Le clocher qui surmonte la tribune à l'entrée de l'église a été garni, par les soins de M. le curé Nogret, de trois cloches qui produisent un magnifique effet lorsqu'elles sont mises en branle aux jours des grandes solennités.

On trouve dans l'église du château de Loches quelques tableaux remarquables, entre autres :

1° Un tableau représentant l'Assomption de la sainte Vierge; il est signé de David Téniers Junior, et il porte le millésime de 1663. Les personnages qui entourent le tombeau, qu'abandonne la sainte Mère de Dieu pour s'élever vers les cieux, sont historiques; on reconnaît parfaitement en eux les principaux seigneurs de la cour de France, de l'époque de la Fronde;

2° Une scène de la Passion. On apporte à la sainte Vierge, après le crucifiement, la couronne d'épines que les Juifs avaient placée sur la tête du Sauveur, et les clous qui avaient attaché ses pieds et ses mains à la croix; à cette vue, la Mère des Douleurs tombe en défaillance; saint Jean et sainte Marie Madeleine, ces fidèles amis de Jésus, la soutiennent et prennent part à sa douleur.

Ce tableau, dû à la munificence de l'État, a valu à son auteur, le peintre Dauphin, la médaille d'or, vers 1840.

3° Un autre tableau qui représente Jésus-Christ chargé de sa croix et marchant vers le Calvaire;

4° L'entrevue de saint Ours avec Silarius, ce comte Goth, grand ami d'Alaric, et qui veut à tout prix devenir possesseur du moulin du saint abbé. Silarius, ne pouvant amener saint Ours à lui céder son moulin, lui fait des menaces, mais l'homme de Dieu lui montre le ciel sans s'émouvoir, comme pour indiquer au barbare que c'est de là qu'il attend du secours (1).

Telle est, dans son ensemble, l'ancienne église collégiale du château royal de Loches, maintenant église paroissiale de Saint-Ours. Tous ceux qui la visitent sont frappés de son architecture originale et gracieuse; tous admirent ses élégantes pyramides, ses clochers à jour, et le savant la regarde comme un magnifique monument de l'art chrétien. Aussi a-t-elle été classée par M. de Caumont, très-habile archéologue, parmi les plus beaux monuments de l'architecture romano-byzantine tertiaire.

(1) Gregor. Turon., *Vitæ Patrum*, cap. XVIII, 2.

4

DEUXIÈME PARTIE

RELIQUES ET PATRONS DE LA COLLÉGIALE

————

La très-sainte Vierge Marie a toujours été honorée d'une manière particulière dans l'église du château de Loches, d'abord parce que cette église lui fut dédiée dès son origine, ensuite parce qu'elle possède la ceinture de la Mère de Dieu, et une antique statue de Marie connue sous le nom de Notre-Dame de Beautertre.

Dans les deux premiers chapitres de cette seconde partie nous parlerons avec étendue de la ceinture de la Mère de Dieu et de l'antique statue de Notre-Dame de Beautertre; nous nous occuperons ensuite des saints qui ont obtenu un culte spécial dans l'église du château de Loches : saint Ours, saint Baud et saint Hermeland.

CHAPITRE PREMIER

De la ceinture de la sainte Vierge.

Quoique, par suite de la Révolution, l'église Notre-Dame du château de Loches ait perdu son nom en devenant église paroissiale de Saint-Ours, la très-sainte Mère de Dieu n'a pas cessé pour cela d'y être grandement honorée. Elle est toujours considérée comme patronne de ce temple auguste, qui porta son nom pendant tant de siècles.

Pour les populations chrétiennes, l'église du château de Loches est toujours un sanctuaire de prédilection, le sanctuaire de Marie; elles viennent avec le même empressement que par le passé y payer à la Reine du ciel et de la terre le tribut de leurs hommages et de leur amour.

C'est qu'en effet, comme nous l'avons déjà dit, l'église paroissiale de Saint-Ours a le bonheur de posséder encore la précieuse ceinture de la sainte Vierge, que l'ancienne collégiale était si fière et si heureuse de posséder; depuis le commencement du siècle actuel, elle est également en possession d'une antique statue de la Mère de Dieu, gardée autrefois au prieuré de Beautertre, et appelée pour cette raison Notre-Dame de Beautertre.

Nous allons entrer dans quelques détails sur ces deux précieux trésors que possède l'église du château. Puissions-nous par là contribuer pour une faible part à faire rendre à la précieuse relique et à la vénérable statue de Notre-Dame les hommages qui leur sont dus !

§ Ier

Authenticité de la sainte relique.

Il nous semble impossible de contester l'authenticité de cette relique précieuse, qui a pour elle un glorieux passé de près de neuf cents ans. Depuis le jour où Geoffroy Grisegonelle, comte d'Anjou et de Touraine, en fit don à l'église du château de Loches qu'il venait de faire construire, c'est-à-dire depuis l'an 978 jusqu'à nos jours, la sainte relique n'a cessé d'être honorée, non pas seulement par de simples fidèles, mais encore par des princes, des rois puissants, des prêtres pieux et éclairés. En aucun temps l'autorité diocésaine n'a fait difficulté de la regarder comme authentique, et après comme avant la Révolution française, les archevêques de Tours ont permis qu'elle fût exposée à la vénération publique.

La tradition et les archives de l'ancien Chapitre de Notre-Dame nous apprennent que la moitié d'une vraie ceinture de la sainte Vierge avait été envoyée de Constantinople à l'empereur Charles-le-Chauve, mort en 877; que depuis sa translation en France jusqu'à l'année 978, elle fut gardée précieusement dans la chapelle royale; que, par suite de circonstances dont nous parlerons bientôt, elle fut donnée par le roi et la reine de France, Lothaire, fils de Louis IV d'Outre-mer, et Emma, fille d'un roi d'Italie, portant aussi le nom de Lothaire, au comte d'Anjou, Geoffroy Grisegonelle, qui la déposa dans l'église du château de Loches, dont il était le fondateur.

On ignore comment l'empereur Charles-le-Chauve se procura cette moitié de la vraie ceinture de la Vierge Marie. C'est un détail qui n'a point besoin d'être éclairci pour prouver l'authenticité de cet objet sacré.

On sait que Constantinople, capitale de l'empire d'Orient, était riche en reliques; c'est de là que vinrent en France les précieuses reliques de la Passion, la sainte couronne d'épines, les clous, la lance, etc. On sait aussi que dans ces siècles de foi les seigneurs et les rois attachaient la plus grande importance à la possession de quelques saintes reliques. Souvent de nobles personnages allaient par dévotion visiter les saints lieux, et ils s'estimaient heureux quand ils pouvaient rapporter dans leur patrie quelque objet pieux, en souvenir de leur lointain pélerinage. Les uns revenaient avec quelque parcelle de la vraie croix, d'autres avec des ossements de saints illustres. C'est ainsi que Foulques Nerra, comte d'Anjou, rapporta un fragment de la pierre du saint Sépulcre, qu'il avait arraché avec ses dents, et les corps des saints Daria et Chrysante, dont il enrichit l'abbaye de Beaulieu; le même prince apporta aussi de Palestine un morceau de la vraie croix, et la courroie qui attacha les mains du Christ, reliques précieuses dont il fit don à l'église collégiale de Notre-

Dame et de Saint-Florentin, élevée dans l'enceinte du château d'Amboise (1).

Charlemagne, le grand empereur, aimait lui aussi à se procurer des reliques saintes; il en enrichissait les églises qu'il faisait construire ou qui lui étaient particulièrement chères. Son amour des choses saintes était si connu, qu'il reçut un jour d'un prince musulman, du calife de Bagdad, Haroun-al-Raschid, maître de Jérusalem, les clefs du saint Sépulcre, en signe d'amitié.

Il est permis de croire que les empereurs d'Orient, connaissant la dévotion des princes Francs, aient recherché l'alliance de ces puissants princes, en leur envoyant quelques-unes des reliques les plus précieuses dont ils pouvaient disposer.

C'est probablement dans ces conditions que la ceinture de la sainte Vierge fut donnée à Charles-le-Chauve, petit-fils de Charlemagne, dont les princes de Constantinople avaient ambitionné l'alliance.

Mais dira-t-on :

1° La sainte Vierge faisait-elle usage de ceintures ? Quoique la question soit un peu futile, nous nous y arrêterons cependant; nous répondrons que rien ne prouve le contraire. Bien plus, le cardinal Baronius dit, d'après Nicéphore Grégoras, que l'empereur Théodose, ayant pris le temple d'Ephèse, le dédia à la sainte Vierge et l'enrichit de sa ceinture. Nous ajouterons que l'église de Loches n'est pas la seule dans le monde catholique qui se glorifie de posséder une ceinture ayant appartenu à la sainte

(1) *Chronicon Turon. magnum*, 118. — *Gesta Consulum Andegavorum*, 103, 106.

Vierge (1). Jamais, nous le croyons, on ne s'est élevé
sérieusement contre cette persuasion, sous prétexte que la
sainte Vierge ne faisait pas usage de ceintures. D'un autre
côté, un auteur grave, M. l'abbé Guillois, dans son excel-
lente *Explication du Catéchisme* (tome IIe, page 138), dit
expressément, en parlant des reliques de Notre-Seigneur et
de sa sainte Mère : « On conserve la robe du divin Sauveur, son suaire et les divers instruments de sa Passion.
De même, on conserve des cheveux de la sainte Vierge,
sa ceinture, son voile, etc. Toutes ces reliques sont répu-
tées insignes. »

2° Comment peut-on prouver que la ceinture de la sainte
Vierge ait été vraiment conservée jusqu'au jour où elle fut
apportée à Constantinople ?

Comme on prouve la conservation de la sainte couronne
d'épines.

« Il est certain, dit M. Guillois, que cette couronne ne
fut pas trouvée par sainte Hélène avec la croix et les
clous, car aucun auteur ne fait mention d'une telle découverte, et le silence général sur un fait de cette importance
serait inexplicable. Ceci est d'ailleurs facile à concevoir.
D'abord il n'est nullement certain que la couronne d'épines
soit restée sur la tête de Jésus-Christ pendant le crucifiement, ni pendant la marche au Calvaire; et en supposant
que cela ait eu lieu, il n'est pas douteux que ceux qui descendirent de la croix le corps du Sauveur pour le mettre

---

(1) Voyez Adr. Baillet, *Vies des Saints composées sur ce qui
nous est resté de plus authentique et de plus assuré dans leur
histoire*, tome VIII, 15 août, *des reliques de la sainte Vierge*,
§ III.

au tombeau, n'eussent pris possession de cet objet sacré,
pour le conserver et le transmettre aux adorateurs de Jésus-
Christ.

« Cette transmission de main en main est tellement
dans la nature des choses, qu'elle ne saurait faire le moindre
doute; et il est véritablement impossible que la sainte
couronne n'ait pas été conservée ainsi par une succession
de dépositaires importants, jusqu'à l'époque où le trésor
impérial de Constantinople absorba toutes les saintes reliques (1). »

Nous ferons le même raisonnement pour la ceinture de
la sainte Vierge, et en général pour les autres reliques de
la sainte Mère de Dieu, et nous dirons : Il est impossible
que l'on n'ait pas conservé avec le plus grand soin, comme
de précieux souvenirs, les vêtements de l'auguste Vierge
Marie, dès l'instant de son trépas, d'autant plus que les
premiers chrétiens ne pouvaient pas avoir la consolation de
posséder ses restes sacrés, son corps virginal, puisque
Dieu l'avait ressuscitée après sa mort et introduite en corps
et en âme dans les cieux.

La dévotion des fidèles ne perdit donc jamais de vue les
saints vêtements de Marie; ils furent conservés avec tout
le respect et la vénération dont on entourait non-seulement
les ossements, mais encore les vêtements des martyrs et
des saints de tous les ordres.

On lit en effet dans la vie de saint Ephrem, l'illustre
diacre d'Edesse, qui vivait au IV⁰ siècle, qu'à son lit de
mort il défendit à ceux qui l'entouraient de l'ensevelir

(1) Guillois, *ibid.*, II, 169.

avec pompe, de lui faire les honneurs que l'on rend aux saints, de garder ses vêtements comme des reliques, mais de prier beaucoup pour que Dieu fit miséricorde à son âme.

Nous regardons, pour toutes ces raisons, comme incontestable que la ceinture de la sainte Vierge a été conservée avec le plus grand soin et transmise de main en main jusqu'au jour où elle alla rejoindre, dans le trésor impérial de Constantinople, les autres saintes reliques que l'on y conservait.

Elle y resta jusqu'au temps où elle fut donnée par les souverains de Byzance à Charles-le-Chauve.

3° Mais, dira-t-on encore, les Grecs n'auraient-ils pas, par fourberie, envoyé à Charles-le-Chauve une ceinture sans authenticité, comme étant une vraie ceinture de la sainte Vierge?

Ce n'est pas supposable, car quel intérêt eussent eu les Grecs à cette supercherie? Et puis, qui nous empêche de croire que la relique n'ait été accompagnée de tout ce qui pouvait en garantir l'authenticité?

Est-ce que l'Église à cette époque était moins prudente, moins sage, moins préoccupée de la gloire de Dieu que de nos jours? Est-il supposable que les évêques aient permis la vénération de reliques qui n'eussent pas été authentiques? N'auraient-ils pas ainsi contribué à ruiner le culte de Dieu et de ses saints?

En voulant faire objection sur objection, on en arriverait à nier l'authenticité de la plupart des reliques précieuses et de Notre-Seigneur, et de la sainte Vierge, et des saints les plus illustres, dont l'origine ne nous est pas connue clairement à près de dix-neuf cents ans de distance , et que l'Église a cependant toujours regardées comme véritables. On devrait surtout rejeter toutes celles qui vinrent de Constantinople et se répandirent dans toute l'Europe; on devrait par conséquent rejeter comme non authentique la sainte couronne d'épines, puisque sa trace ne s'est pas montrée pendant plusieurs siècles et qu'elle nous est venue de Constantinople.

Donc, encore une fois, toutes ces raisons nous font croire qu'il est impossible à tout esprit impartial et chrétien de contester l'authenticité de la vraie ceinture de la sainte Vierge conservée dans l'église du château de Loches.

Nous allons maintenant, en suivant les anciens manuscrits du chapitre de Loches et les chroniques angevines, dire comment Geoffroy Grisegonelle eut en sa possession cette très-respectable ceinture, qu'il donna à l'église collégiale.

Nous ferons suivre ce récit de la description de la sainte relique ; nous dirons ensuite comment elle était conservée avant la Révolution ; de quelle manière elle fut sauvée pendant la tourmente révolutionnaire ; nous donnerons encore l'attestation de son recouvrement après la Révolution, l'autorisation de l'autorité diocésaine d'exposer, comme par le passé, la sainte relique à la vénération des fidèles. Nous terminerons enfin ce long article en disant comment on honore de nos jours, dans l'antique église du château, la ceinture de la Mère de Dieu.

§ II

Comment Geoffroy Grisegonelle, comte d'Anjou et seigneur de Loches, devint possesseur de la ceinture de la sainte Vierge.

Sous le règne du roi Lothaire, fils de Louis IV d'Outre-mer, un prince allemand, nommé Edelth, prétendant avoir des droits à la couronne de France, entra sur le territoire français, à la tête de nombreuses troupes. Pour lui résister et le repousser, Lothaire rassembla les comtes, les barons et chevaliers de son royaume, avec leurs hommes d'armes. Bientôt les deux armées furent en présence ; mais avant d'engager le combat, suivant la coutume presque générale de ces temps, il y eut un pourparler entre ces deux camps ennemis, et il fut décidé que l'élite des guerriers de Lothaire et d'Edelth se réunirait dans l'intention d'arrêter les hostilités, si cela était possible encore. Le prince allemand exposa ses prétentions devant l'assemblée ; il le fit de façon à jeter le trouble et l'irrésolution dans l'esprit de plusieurs princes et seigneurs du parti de Lothaire.

Ce fut alors que Geoffroy Grisegonelle, comte d'Anjou, quoique fort avancé en âge, se leva et dit avec l'intrépidité d'un généreux Français : « Je ne serai jamais accusé de parjure, et ce ne sera jamais de mon consentement que le seigneur Edelth sera mon roi et celui de ma nation. Je me livre volontiers, et de grand cœur, pour la défense du roi, de ses sujets et de moi-même, et pour prouver à toute la terre qu'il n'y a point ici de foi violée. »

En entendant ces fières et patriotiques paroles, Berthold, frère du duc de Saxe, entièrement dévoué à Edelth, se leva de son côté pour soutenir les prétentions de son chef, et il proposa à l'assemblée de terminer le différend par un combat singulier avec Geoffroy.

Cette proposition fut acceptée par le comte d'Anjou et par les chefs des deux armées. L'on convint d'un commun accord que celui des deux combattants qui serait vainqueur assurerait le royaume de France au prince qu'il aurait représenté, et l'on jura, entre les mains des évêques, d'exécuter fidèlement ces conventions.

Les Allemands ne doutèrent pas de leur triomphe en voyant que Berthold, vaillant guerrier dans toute la force de l'âge, et qui maintes fois avait remporté la victoire sous leurs yeux dans de semblables combats, allait avoir pour adversaire un homme déjà vieux et cassé.

Ils allaient apprendre à connaître le valeureux comte d'Anjou ! Quant à Lothaire, il ne crut pas pouvoir remettre en des mains plus habiles la garde de la couronne de France, la plus belle couronne du monde.

Cependant la sérénissime princesse Emma, épouse du roi Lothaire et parente de Geoffroy, ayant eu connaissance du combat singulier que le comte d'Anjou devait livrer, en fut grandement affligée. Elle craignait que Geoffroy, à cause de son âge avancé, ne succombât sous les coups de l'Allemand.

L'âme remplie d'inquiétude, elle dirigea ses pas vers la chapelle royale; elle y pria Dieu avec ferveur de donner à son cher parent la force et la vigueur dont il avait besoin dans une circonstance si critique et d'une si grande importance.

Tout à coup, au milieu de sa prière, il lui vient à la pensée de faire parvenir au comte d'Anjou la moitié de la ceinture de la Vierge, conservée dans la chapelle du palais, depuis que l'empereur Charles-le-Chauve l'avait reçue de Constantinople.

Elle regarde cette pensée comme une inspiration du Ciel. Sans perdre de temps, elle envoie donc la précieuse relique à Geoffroy ; elle lui recommande de la suspendre dévotement et avec révérence à son cou, sur sa chair, le jour du combat ; elle lui donne l'assurance que sous la protection de la Mère de Dieu, de qui venait la sainte relique, il remporterait la victoire.

Cependant le jour fixé pour le combat était arrivé, et il tardait aux deux nobles chevaliers d'en venir aux mains. A peine le signal de la lutte fut-il donné, que l'on vit Geoffroy s'avancer avec une mâle intrépidité. Il était plein de confiance en la protection divine et en celle de la vierge Marie, dont il portait la précieuse ceinture cachée sous sa cotte de mailles. Quant à Berthold, il s'avança d'un air fier et dédaigneux. Il croyait dans son orgueil qu'il marchait à la victoire ; il s'étonnait qu'il se fût rencontré un homme assez téméraire pour oser se mesurer avec lui. Il jeta à la face du noble comte des paroles insultantes ; il assura que sous peu il en aurait raison, qu'il ne lui fallait qu'un instant pour l'étouffer dans ses bras vigoureux.

Mais Geoffroy dédaigna de répondre à ces insolentes bravades, et tout aussitôt le combat fut engagé.

Au premier choc, les deux adversaires demeurèrent fermes et inébranlables sur leur monture. Mais Berthold ayant voulu peu après faire tourner son cheval, le comte d'Anjou profita de ce moment pour porter à l'Allemand un si furieux coup de lance entre les épaules, qu'il le blessa très-dangereusement, et lui fit une plaie d'où le sang s'échappa avec abondance.

Bien que si malmené, Berthold ne s'avoua pas vaincu, et le combat, loin de cesser, n'en devint que plus opiniâtre. Les casques et les armures des deux vaillants champions retentissaient continuellement des coups violents qu'ils se portaient sans relâche.

Au plus fort de la lutte, Berthold tomba de cheval et roula à terre, mais il se releva promptement. Pour ne pas profiter de l'avantage que lui procurait la chute de son adversaire, le noble comte mit aussi pied à terre. Un instant ils se regardèrent; ils étaient couverts de sueur, de sang et de poussière; puis, s'étant précipités l'un sur l'autre, ils se prirent au corps pour se terrasser. Enfin, après quelques instants d'une lutte acharnée, pendant lesquels ils se firent de nombreuses blessures, la cuirasse de Berthold vint à se rompre et l'on vit ses entrailles se répandre à terre. Il ne lui était plus possible de continuer le combat, de sorte que le valeureux comte Geoffroy Grisegonelle demeura victorieux et fit triompher la cause de son roi.

Tous les Français présents à ce combat rendirent des actions de grâces à Jésus-Christ pour cette victoire et offrirent à Dieu des sacrifices de louange, tandis que les Allemands avec leur capitaine Edelth, confus et consternés, se retirèrent dans leur pays.

Le roi Lothaire et la reine Emma comblèrent de bienfaits le vaillant comte d'Anjou; ils lui donnèrent, en pur don, cette moitié de la ceinture de la très-glorieuse vierge Marie, qui ne lui avait été envoyée par la reine que pour la conservation de sa personne. Fier et heureux de posséder un

trésor qui lui avait valu une si brillante victoire, Geoffroy
voulut en enrichir l'église qu'il avait élevée à Loches en
l'honneur de la Mère de Dieu (1).

§ III

Description de la sainte relique. — Comment elle était conservée
et honorée dans l'église collégiale avant la Révolution. — Comment elle fut sauvée à cette triste époque.

La ceinture de la sainte Vierge conservée dans l'église du
château de Loches est d'un tissu très-simple, couleur de
noisette, dont la matière inconnue a, jusqu'à présent,
exercé l'art et la critique des connaisseurs. Les uns la
jugent d'écorce d'arbre; d'autres pensent qu'elle est d'une
espèce particulière de coton qui croissait en Orient.

Elle a un peu plus de deux mètres en longueur (2 mètres
10 centimètres), et à peu près trois centimètres en largeur
(1 pouce).

Avant la grande Révolution française, on conservait la
sainte relique dans un riche reliquaire de vermeil, travaillé
avec beaucoup d'art, en forme de temple, fait sur le modèle
de l'ancienne église du Saint Sépulcre de Jérusalem, suivant

(1) Extrait d'un récit manuscrit, en tout conforme à l'original,
laissé par Germain Gaulin, prêtre, ex-chanoine de l'ancien
Chapitre de Notre-Dame de Loches; et d'un autre manuscrit de
Louis Chartier, docteur en théologie, maître ès-arts de la faculté
d'Angers, curé de Saint-André de Beaulieu-lès-Loches, mort
en 1719. — Ce récit est conforme à celui des chroniques angevines,
Gesta Consulum Andegavorum, pp. 85-87; *Historia Comitum
Andegavensium*, p. 325.

une vieille tradition. Ce reliquaire contenait une agathe d'une rare beauté, enrichie de pierres précieuses et d'une chaîne d'or. C'était dans la concavité de cette agathe qu'était déposée la relique.

On n'exposait la ceinture de la sainte Vierge à la vénération du peuple que deux fois chaque année, le 3 mai, fête de l'Invention de la sainte Croix, et le 15 août, fête de l'Assomption de Marie. En ces deux jours, on la plaçait sur un autel de circonstance richement décoré et dressé à l'entrée du sanctuaire. Pour le reste de l'année, elle était soigneusement gardée et renfermée dans une armoire pratiquée dans le gros mur de l'église. Cette armoire avait une double porte garnie de fer et munie de cinq serrures.

On ne l'en sortait jamais, en quelque occasion que ce fût, à moins que le roi, la reine ou les princes et princesses de leur sang, venant à Loches, ne le réquissent à leur dévotion. Le baron de Preuilly jouissait de la même faveur en sa qualité de bienfaiteur du Chapitre.

Les vieilles chroniques de l'ancien Chapitre de Notre-Dame nous ont fait connaître les noms de plusieurs princes du sang, rois et reines qui usèrent du privilége que nous venons de mentionner ; nous avons nommé quelques-uns de ces princes dans la première partie de cet opuscule. Nous avons rapporté, au même endroit, que le 3 mai 1738 les chanoines, voulant profiter de ce jour, où la vraie ceinture de la sainte Vierge était exposée à la vénération des fidèles, portèrent la précieuse relique en procession autour du cloître du château pour obtenir la cessation de pluies continuelles et un temps plus favorable aux biens de la terre.

Pendant sept siècles, la sainte relique reçut les hommages de milliers de fidèles; pendant sept siècles, elle fut regardée comme le plus précieux trésor de la ville de Loches; pendant sept siècles, des générations entières, des princes puissants, des rois et des reines aussi bien que de simples bourgeois et des hommes et des femmes de moindre condition, vinrent dans l'antique église du château s'agenouiller pieusement devant la ceinture de la Mère de Dieu et implorer le secours et la protection de la Vierge Immaculée à qui elle avait appartenu.

Qui pourrait énumérer les grâces nombreuses que Dieu se plut à répandre sur ceux qui venaient avec tant de foi et d'amour vénérer la précieuse relique?

Près d'elle les malades bien souvent rencontrèrent la santé; les pécheurs se sentirent profondément touchés de repentir au souvenir de leur vie de désordre et trouvèrent la guérison de leur âme. Les justes près d'elle sentirent souvent aussi les effets de la protection de Marie; leur amour pour Dieu se développait d'une manière merveilleuse; ils prenaient le doux engagement de conserver toujours unis dans leur cœur l'amour du Dieu vivant, leur père et leur sauveur, et celui de Marie, leur aimable mère et leur protectrice dévouée!

Mais, hélas! une époque funeste allait arriver où cette précieuse et vénérée ceinture de la Vierge courrait les plus sérieux dangers. La Révolution avec toutes ses horreurs, ses scènes sanglantes, ses fureurs impies, allait terrifier le monde entier. Quand elle leva sa tête hideuse, ce fut pour jeter un cri de mort contre tout ce qui était saint, honnête, juste et respectable; ce fut pour déclarer la

guerre à Dieu et à son culte. Aussi, pendant que les écha-
fauds se rougissaient du sang des prêtres, fidèles à leurs
devoirs, les églises étaient pillées, les reliques des saints
étaient brûlées et jetées au vent !

La ceinture de la sainte Vierge allait-elle, comme tant
d'autres reliques, disparaître pour jamais? Les pieux
fidèles de Loches allaient-ils avoir à déplorer sa perte,
comme ils déplorent tous les jours celle des reliques
insignes de leur glorieux patron, le bienheureux saint Ours?

Dieu ne le permit pas; Marie veillait sur cet objet sacré,
qui put être sauvé de l'effroyable tempête révolutionnaire,
et c'est à un prêtre schismatique, le sieur Pierre-René
Leduc, à cette époque curé constitutionnel de la paroisse
Saint-Ours, que l'honneur et la gloire en reviennent.

Mais laissons les vénérables prêtres attachés autrefois au
service de l'église collégiale, et qui, après le Concordat, se
réunirent pour reconnaître l'authenticité de la sainte
relique, nous dire comment la ceinture de la Vierge fut
conservée et rendue à la dévotion de tous les vrais enfants
de Marie.

§ IV

Attestation du recouvrement de la ceinture de la sainte Vierge, après la Révolution.

« Au nom du Père, et du Fils, et du Saint-Esprit. *Amen.*

« Nous, curé de la paroisse de Saint-Ours de Loches, et
les ci-devant chanoines, chapelains, prêtres desservants,
et vicaires, habitués de l'ancien Chapitre de l'église collégiale Notre-Dame du château de Loches, soussignés, nous

sommes assemblés pour reconnaître la relique de la ceinture de la sainte Vierge, qui était conservée avec respect, honneur et reconnaissance dans ladite église, en un reliquaire précieux, décoré d'une riche agathe, que le malheur des temps, pendant la Révolution, a fait disparaître, ainsi que le précieux reliquaire.

« Mais, heureusement la précieuse relique de la ceinture de la sainte Vierge a été retirée des mains des profanateurs par le sieur Pierre-René Leduc, l'aîné, pour lors desservant de la susdite paroisse, qui l'a conservée intacte, avec le respect qui lui était dû, tant pendant le temps momentané de sa résidence à Loches, que dans celle de la ville de Tours, et finalement dans celle de Nantes, où il habite encore maintenant. Il l'a renvoyée de cette ville de Nantes, par la voie sûre et prompte de la poste, à l'adresse et à la réquisition du sieur Nicolas-Clément Leduc, actuellement curé de ladite paroisse de Saint-Ours de Loches.

« Nous avons reconnu que c'était bien exactement, tant dans sa longueur, largeur et tissure, la précieuse relique qui était présentée et honorée en public les deux jours d'usage, savoir : les jour et fête de l'Invention de la Sainte-Croix, 3 mai, et le 15 du mois d'août, jour et fête de l'Assomption de la sainte Vierge, patronne de l'église du château de Loches.

« Ladite ceinture a été renvoyée enveloppée d'une étoffe de soie de couleur verte, déposée dans deux bourses précieuses, qui ont été reconnues par les soussignés être les mêmes dans lesquelles elle était ci-devant gardée dans ladite église du château de Loches.

« Avant d'arrêter ledit procès-verbal de recouvrement

et reconnaissance de ladite ceinture, nous nous sommes fait représenter les renseignements, notes et copies des anciens titres qui prouvent et constatent l'authenticité du don et précieux dépôt de cette relique. Nous les avons déposés ensemble avec ladite ceinture, dans le petit reliquaire que nous avons fait faire pour l'exposer à la vénération publique des fidèles, à commencer du 15 août, fête de l'Assomption de la sainte Vierge, cette présente année mil huit cent trois après la naissance de Notre-Seigneur Jésus-Christ.

« Que tout soit pour la plus grande gloire de Dieu et en l'honneur de la bienheureuse Vierge Marie, notre patronne et protectrice particulière !

« Fait et arrêté à Loches, ce dixième dimanche après la Pentecôte, le 7e jour du mois d'août 1803, dix-neuf thermidor an XIe de la République française une et indivisible, sous le Consulat de Napoléon Bonaparte.

« (Ont signé :) Claude Belotin, ancien chanoine et promoteur du Chapitre de Loches; Charles Thoronde, chanoine; Germain Gaulin, chanoine et secrétaire de l'ancien Chapitre de Loches; Joseph Samain, chapelain; Joseph Château, desservant; H. Touchard, prêtre; N. Leduc, vicaire; Charles-Pierre Demarsay, prêtre; Pierre Berthelot, chantre; Brette, ancien bénéficier de la chapelle du Crucifix, fondée et desservie dans l'église du Chapitre de Loches, dit curé du Chapitre; N.-C. Leduc, bachelier en théologie, curé de Loches. »

On est heureux de pouvoir citer en faveur de la sainte relique un témoignage de cette importance; on bénit la divine Providence, qui a voulu que cette précieuse relique fût rendue à l'antique collégiale, entourée de toutes ces preuves qui en garantissent l'authenticité.

Cependant, un témoignage des plus décisifs et des plus solennels allait encore un peu plus tard s'ajouter aux précédents et les confirmer pleinement; nous en faisons l'objet du paragraphe suivant.

§ V

Autorisation archiépiscopale permettant d'exposer, comme par le passé, la sainte relique à la vénération des fidèles.

En 1834, M. le curé Nogret réunit toutes les pièces laissées par les anciens chanoines et prêtres de l'église de Notre-Dame de Loches, et qui avaient pour objet la vraie ceinture de la Vierge. Il les soumit à l'Autorité diocésaine, qui, par l'ordonnance que nous allons citer, permit au zélé pasteur d'exposer comme autrefois, dans son église paroissiale, la sainte relique à la vénération des fidèles.

« AUGUSTIN-LOUIS DE MONTBLANC, par la miséricorde divine et la grâce du Saint-Siége apostolique, archevêque de Tours.

« Vu la supplique à nous adressée par M. le Curé de l'église paroissiale de Saint-Ours de Loches, tendant à obtenir la permission d'exposer à la vénération des fidèles, dans ladite église, une relique qui y est conservée, de temps immémorial, comme étant la ceinture de la bienheureuse Vierge mère de Dieu; considérant que les pièces produites par M. le curé de Saint-Ours établissent suffisamment que la ceinture qu'il nous a présentée est la même que celle qui était conservée dans l'église collégiale de Loches, et regardée par une tradition antique comme la ceinture de la très-sainte Vierge ;

« Permettons d'exposer ladite ceinture, comme par le passé, à la vénération des fidèles, entendant qu'elle soit à l'avenir déposée sur un coussin, où elle sera solidement fixée, par des attaches ou rubans, sur lesquels nous ferons apposer le sceau de nos armes, le tout devant être déposé dans un reliquaire décent et convenable.

« Donné à Tours, sous le seing de notre vicaire-général, le sceau de nos armes et le contre-seing du prosecrétaire de notre archevêché, le quatorze août mil huit cent trente-quatre.

« BRUCHET, vic.-gén.

Par Mandement : BIGOT, prosecr.

§ VI

Comment on honore de nos jours la sainte relique.

Conformément aux ordres de Monseigneur l'Archevêque de Tours, la ceinture de la sainte Vierge a été déposée sur un coussin de drap d'or, auquel elle a été solidement fixée par des attaches portant le sceau archiépiscopal.

On ne put, hélas ! rendre à la sainte relique le magnifique reliquaire en vermeil, avec agathe enrichie d'or et de pierres précieuses, qui la contenait avant la Révolution.

Comme toutes les autres églises de France, l'église du château de Loches avait été dépouillée de ses richesses par les révolutionnaires; quand le culte y fut rétabli, les ornements et vases sacrés les plus indispensables manquaient absolument; il fallut s'en procurer avec de grandes dépenses; les quelques ressources dont pouvait disposer l'église étaient promptement et entièrement absorbées chaque année par les frais d'entretien du monument si dégradé; il était donc impossible, même après de longues années, de donner à la vraie ceinture un reliquaire aussi riche que celui d'autrefois.

On fut obligé de se contenter d'un simple reliquaire en bois doré, d'une forme élégante, surmonté d'un crucifix, également en bois doré.

C'est dans cette modeste châsse que repose notre précieuse relique, en attendant que la piété des fidèles lui en procure une autre et plus riche et plus belle.

La ceinture de la Mère de Dieu est toujours l'objet de la vénération des vrais enfants de Marie.

On l'expose aux grandes solennités sur l'autel de la sainte Vierge.

Au jour de l'Assomption on la porte solennellement à la procession qui suit les Vêpres et qui parcourt les rues de la ville de Loches.

Au milieu d'une longue file de jeunes personnes vêtues de blanc et chantant les louanges de leur bonne Mère, après ses blanches bannières à l'image et au chiffre de Marie, elle apparaît sur un riche brancard, précédée et suivie de groupes de jeunes filles portant de belles corbeilles de fleurs dont elles font hommage à la Reine des vierges.

Puis, quand la procession est rentrée à l'église paroissiale, chaque fidèle vient baiser pieusement la relique sainte que l'on fait vénérer à ce moment.

Il existe à Loches et dans les environs un usage bien remarquable et qui prouve la dévotion des populations pour la ceinture de la sainte Vierge.

De nos jours, comme de temps immémorial, il est peu de jeunes personnes qui, à l'époque de leur première communion et de leur mariage, ne tiennent à se procurer et à porter une ceinture que les prêtres de la paroisse ont bénite et fait toucher à la vraie ceinture de Marie.

Ces ceintures sont gardées avec beaucoup de respect dans les familles; elles sont transmises de génération en génération, et l'on en trouve qui remontent à une haute antiquité.

En conservant ces rubans bénits, on croit, et à juste titre, s'attirer les bénédictions du Ciel et la protection de la très-sainte Vierge.

C'est une croyance louable en tout point et qu'un vrai chrétien ne saurait blâmer. La vue seule de ces rubans sanctifiés par une bénédiction spéciale et par l'attouchement de la vraie ceinture, inspire de saintes pensées, donne de précieux enseignements; leur blanche couleur indique qu'ils sont un symbole d'innocence; ils rappellent aussi tout ce qu'il y eut de chasteté, de pudeur, d'innocence et de vertus dans le cœur de Marie.

Jeunesse chrétienne, restez donc fidèle à cette pieuse coutume que vos mères et vos sœurs vous ont laissée. Oui, portez avec bonheur, vous aussi, aux deux époques solennelles de votre vie, cette ceinture qui aura touché la ceinture de la Vierge Marie.

Portez-la avec foi, avec amour, et vous ferez un acte agréable à Dieu et à la très-sainte Mère de son Fils; mais profitez surtout des instructions qu'elle vous donne.

Vous, jeune enfant, qui la prendrez pour la première fois au jour de la première communion, votre ceinture bénite vous dira de faire les plus grands efforts pour conserver jusqu'à la mort, comme Marie sut la garder toute sa vie, l'innocence que vous reçutes au Baptême et qui vous fut rendue par le sacrement de Pénitence, la veille du plus beau jour de votre vie, si, par malheur, le péché en avait dépouillé votre âme.

Elle vous dira encore que si vous voulez toujours garder votre innocence, il faut que vous demandiez à Dieu cette faveur par Marie; car, sans le secours d'en haut, vos meilleures résolutions s'évanouiraient bien vite dans ce monde corrompu au milieu duquel vous devez vivre. Et qui donc, plus que Marie, dont vous porterez les blanches livrées, pourrait vous obtenir du Ciel le don de la persévérance dans votre bon propos?

Et vous aussi, jeunes personnes qui vous préparez à recevoir le sacrement de mariage, ne négligez pas, en ce jour qui sera pour vous le commencement d'une vie nouvelle, de porter la ceinture de la Vierge Marie. Vous aurez grand besoin, dans votre nouvel état, de ses saints enseignements.

Prenez-la donc avec respect et bonheur, en même temps que vos blancs vêtements de fiancée, et dites à votre Dieu en vous en revêtant : O Dieu, ceignez mes reins d'une ceinture de pureté; éteignez en moi tout mouvement voluptueux, et faites que jamais mon âme ne perde sa robe d'innocence ! Cette grâce, je vous la demande par l'entremise de la très-pure Vierge Marie, ma patronne et ma mère !

Les femmes chrétiennes sont aussi dans l'usage, à Loches, de se revêtir d'une ceinture bénite qui a touché celle de la sainte Vierge, quand elles sont sur le point de devenir mères.

Ce pieux usage était même observé autrefois par les reines et princesses de France, à qui les chanoines de l'église collégiale envoyaient, à l'époque de leurs couches, un ruban qui avait touché la ceinture de la sainte Vierge.

Quand l'Impératrice Eugénie fut sur le point de donner à la France le prince impérial, l'église de Loches, voulant continuer ses anciennes traditions, fit offrir à Sa Majesté un ruban bénit, mesuré sur la ceinture de la sainte Vierge. La pieuse Impératrice en témoigna sa reconnaissance par une lettre flatteuse qu'elle fit adresser aux donateurs.

CHAPITRE II

Notre-Dame de Beautertre.

§ Ier

Decouverte de cette antique statue.

On conserve dans l'église du château de Loches, avec honneur et révérence, une antique statue de la sainte Vierge, connue sous le nom de Notre-Dame de Beautertre. On l'honorait avant la Révolution, dans la chapelle du prieuré de Beautertre, distant de Loches d'environ deux lieues ; cette modeste chapelle était autrefois un lieu de pélerinage bien fréquenté.

« Le pélerinage de Beautertre est environné d'un nuage de merveilles qui nous en dérobe l'origine ; nous en parlerons comme nos pères en ont parlé. Ces merveilles, que la tradition nous a léguées, ne sont point pour les catholiques un article de foi, la critique peut y toucher sans blesser l'Église ; cependant on gagnerait peu à les rejeter, car il faut, dit M. Orsini, de la mousse aux grands chênes, du lierre aux vieilles abbayes, du merveilleux aux légendes gothiques.

« Les animaux domestiques jouent un grand rôle dans la vie des habitants des campagnes; le chien, le bœuf, le cheval, font, pour ainsi dire, partie de la famille. S'ils éprouvent des accidents ou des maladies, on les plaint, chacun s'empresse de les soulager ; presque toujours leurs moindres démarches sont observées avec soin (1). »

Voici, d'après une antique tradition populaire, comment fut découverte la statue de la sainte Mère de Dieu, connue et honorée sous le nom de Notre-Dame de Beautertre.

En des temps déjà fort éloignés de nous, un serviteur de la maison rustique de Beautertre, chargé du soin de faire paître des bœufs le long d'un bois placé sur le coteau voisin, s'aperçut avec peine que celui d'entre tous ces animaux qu'il affectionnait particulièrement, paraissait ne plus trouver aucun goût à l'herbe fraîche, qui naguère faisait ses délices.

Le bœuf s'éloignait du troupeau et se dirigeait avec un empressement marqué vers un coudrier, autour duquel croissaient plusieurs arbustes, et qu'arrosait une source aux eaux limpides. Il passait de longues heures dans ce lieu solitaire, oubliant toute nourriture et se contentant de lécher le coudrier. Cependant, bien qu'il ne mangeât pas, il n'en était ni moins robuste ni moins laborieux.

Le pâtre, qui ne pouvait s'expliquer les visites si fréquentes et si prolongées du bœuf, suivit un jour sa bête

(1) M. Baunier.

favorite et s'approcha du coudrier. Quelle ne fut pas sa surprise, lorsqu'il trouva une figure de la sainte Vierge, grossièrement sculptée dans l'épaisseur de l'arbre ! Hors de lui, il court avertir du prodige ses maîtres et les voisins d'alentour, qui viennent s'en assurer de leurs yeux. Tous voient quelque chose de surnaturel et de merveilleux dans cette découverte et dans la manière dont elle s'est faite.

On ne veut pas laisser plus longtemps exposée aux injures de l'air cette image de la Mère de Dieu ; on coupe par le pied le coudrier dont elle a été formée ; on la place dans un lieu convenable, où elle reçoit les humbles hommages de ces chrétiens à la foi naïve et robuste.

La nouvelle de la découverte se répandit bientôt au loin, et les populations ne tardèrent pas à affluer auprès de cette modeste image de la sainte Vierge.

La vénération des peuples pour cette statue de Notre-Dame lui fit élever en peu de temps un sanctuaire à l'endroit même où elle avait été trouvée, et la source près de laquelle le pâtre l'avait aperçue fut considérée dès ce moment comme douée d'une vertu surnaturelle.

Les grâces obtenues par l'intercession de la sainte Vierge dans la chapelle de Beautertre furent éclatantes et nombreuses. Aussi, pour satisfaire à la piété des pèlerins, qui, chaque année et presque chaque jour, venaient en très-grand nombre adresser en ce lieu leurs hommages à la Reine des cieux, et implorer son puissant secours, l'Autorité ecclésiastique dut confier à un prêtre la garde du sanctuaire.

Telle fut l'origine du prieuré de Beautertre.

Les fidèles venaient en foule à Beautertre, particulièrement le jour de la Nativité de Marie, le 8 septembre, fête du pélerinage. On s'y rendait des paroisses les plus éloignées ; les anciens du pays disent avoir vu, au 8 septembre, une vingtaine de paroisses arriver à Beautertre processionnellement, avec leurs croix et leurs bannières.

§ II

Dévotion séculaire de Loches et des pays voisins à Notre-Dame de Beautertre.

Les archives de Loches nous donnent une preuve bien évidente de la dévotion traditionnelle et séculaire des habitants de cette ville à Notre-Dame de Beautertre.

Depuis l'année 1631 jusqu'à l'année 1637, la ville de Loches avait été, presque sans interruption, visitée par un fléau terrible, la peste, ou tout au moins une maladie contagieuse, qui ne cessait de faire de nombreuses victimes.

Pour obtenir de Dieu la cessation de ce redoutable fléau, les officiers et habitants de la ville, de concert avec le clergé paroissial, prirent en 1637 l'engagement solennel d'aller chaque année processionnellement à l'église du prieuré de Beautertre, d'y chanter la grand'messe de la paroisse Saint-Ours, et d'y offrir un pain bénit, par les mains d'un des officiers, avocats ou médecins de la ville.

Ce vœu fut renouvelé le 2 mai 1726. Voici ce que les notables de Loches décidèrent, en cette même année, touchant l'offrande du pain bénit.

« Pour éviter à tous ces incidents et contestations, le pain à bénir sera à l'avenir présenté au plus ancien officier de tous les corps et compagnies de cette ville, par droit de réception et à compter du jour d'icelle, sans distinction de qualités ni dignités. Au défaut d'officiers, outre ceux qui l'auront rendu, ledit pain sera présenté au plus ancien des avocats ou médecins, suivant la matricule d'installation. L'officier, avocat ou médecin auquel le chanteau de pain bénit aura été présenté sera obligé de le faire offrir, l'année suivante, en ladite église de Beautertre, le dimanche de la Quasimodo, suivant l'usage ordinaire, et d'y faire porter un déjeuner honnête et à sa discrétion, pour les prêtres et clergé qui conduiront la procession, sans pouvoir s'en dispenser, sous quelque prétexte que ce puisse être.

« C'est à quoi nous obligeons tous ensemble et unanimement, tant pour nous que pour nos successeurs. Nous consentons même, qu'au cas du décès de l'officier, celui qui suivra, suivant sa réception, soit qu'il soit du même corps ou d'un autre, sera obligé de rendre le pain bénit au lieu de celui qui sera décédé, sur le simple avis qui lui en sera donné par les autres officiers de sa compagnie. Celle-ci en demeure garante sans qu'il soit besoin d'aucune sommation, ni autre formalité de justice (1). »

La procession de Beautertre se fit régulièrement chaque année, au jour indiqué, jusqu'à ce que par un mandement, en date du 28 mai 1777, Monseigneur l'archevêque de Tours eût ordonné que dorénavant cette procession se

(1) Archives de la ville de Loches, liasse v, dossier i.

fit de l'église Saint-Ours en celle de la collégiale Notre-Dame.

Lorsque le culte catholique fut proscrit par la Révolution, la chapelle de Beautertre fut fermée, comme la plupart des édifices sacrés qui couvraient la France; bientôt après, le prieuré fut mis à l'encan et vendu; la statue de Notre-Dame put heureusement être enlevée de son sanctuaire profané, par une main pieuse qui la tint cachée jusqu'à l'ouverture des églises. A ce moment la sainte image fut confiée à la garde du clergé de l'église paroissiale de Saint-Ours, l'ancienne collégiale de Loches.

Cependant les quelques années d'impiété que la France avait subies n'avaient pas arraché du cœur des populations la dévotion à Notre-Dame de Beautertre, car on les vit, aussi nombreuses que par le passé, venir lui adresser leurs hommages et leurs prières dans l'antique église qui lui donnait asile.

C'est surtout aux deux fêtes principales de la sainte Vierge, l'Assomption et la Nativité, que le concours des fidèles qui viennent à l'église du château prier Notre-Dame de Beautertre, est immense; on s'y rend en pèlerinage de la ville, des campagnes voisines, des paroisses les plus éloignées et même du Berry.

Chacun de ces pieux pèlerins est heureux de pouvoir s'agenouiller devant cette modeste statue de la très-sainte Vierge, qui n'a rien cependant qui frappe les yeux, mais qui inspire des sentiments de profonde piété, qui éveille dans les âmes l'amour de Dieu, et avec l'amour de Marie, une grande confiance en ses maternelles bontés.

Nul ne quitte la chapelle de Notre-Dame et son image

vénérée sans avoir demandé aux prêtres de la paroisse les prières qu'ils sont dans l'usage de réciter en l'honneur de la sainte Mère de Dieu, à l'intention de ceux qui font le pélerinage.

Aux jours de l'Assomption et de la Nativité, des cierges nombreux, modeste offrande des pélerins, brûlent devant l'image de Notre-Dame de Beautertre; des ex-voto en cire, témoignages naïfs de reconnaissance ou de pieuse confiance, sont suspendus aux murs de sa chapelle.

Chaque jour de l'année, la sainte Mère de Dieu voit quelque pieux fidèle se prosterner devant son antique statue, soit pour solliciter un bienfait, soit pour témoigner sa reconnaissance d'une prière exaucée.

Souvent l'auguste Vierge a montré d'une manière éclatante qu'elle aimait à être invoquée sous le titre de Notre-Dame de Beautertre.

Que de mères lui ont demandé avec succès la santé de leurs enfants !

Que de pécheurs ont été subitement touchés de la grâce, parce qu'une âme charitable les avait recommandés à Notre-Dame de Beautertre !

Que de grâces particulières, dans l'ordre spirituel comme dans l'ordre temporel, ont été le résultat d'une prière fervente adressée à Dieu par l'entremise de Notre-Dame de Beautertre !

Mais aussi, comme tous ceux qu'elle a exaucés se plaisent à lui donner un gage de leur reconnaissance !

Voyez-vous cette belle couronne qui brille sur la tête de la vénérable statue, ces cœurs de matière précieuse qui décorent sa poitrine, ces vêtements de soie brodés d'or et d'argent qui la parent aux jours des grandes solennités ; et ce très-beau baldaquin en velours frangé d'or qui abrite la sainte image ? Et ces candélabres, ces vases, ces fleurs qui ornent son autel, et ce riche tapis qui recouvre le pavé de sa chapelle ?

Ce sont autant d'offrandes que de fidèles serviteurs de Marie ont laissées à son sanctuaire en souvenir d'un bienfait obtenu.

Les offrandes des riches et des pauvres se rencontrent à l'autel de Notre-Dame de Beautertre ; nous pouvons dire que souvent les gens du peuple témoignent leur reconnaissance à la sainte Vierge d'une manière vraiment généreuse, et, nous serions tenté d'ajouter, parfois au-dessus de leurs moyens, si nous ne savions que donner à Dieu et à Marie, c'est le vrai moyen de s'enrichir.

Dernièrement, un jeune ouvrier de Loches désirait ardemment une grâce ; pour l'obtenir, il s'adresse à Notre-Dame de Beautertre, il lui promet de faire un don à sa chapelle, si la grâce qu'il sollicite lui est accordée. Elle le fut en effet ; quelques jours après, deux belles lampes en porcelaine dorée étaient déposées par ce jeune ouvrier sur l'autel de Marie !

Aux deux jours de pèlerinage et souvent aussi dans le cours de l'année, les parents chrétiens apportent leurs jeunes enfants devant l'image vénérée de Notre-Dame de Beautertre.

Touchante et pieuse coutume ! comme elle proclame manifestement la confiance sans borne des populations chrétiennes en la sainte Mère de Dieu !

A peine un enfant est-il né que sa mère le voue à Notre-

Dame de Beautertre. Quand les forces de l'enfant et de la mère le permettent, celle-ci vient elle-même présenter son nouveau-né à la sainte Vierge et la supplier de veiller sur lui, d'écarter de lui tout danger ; elle promet à Notre-Dame de revenir chaque année, pendant un temps plus ou moins long, avec ce même enfant, la remercier des effets de sa protection puissante et lui demander de la lui continuer toujours.

Ah ! vous avez bien raison, mères chrétiennes, de vous adresser à Marie pour qu'elle veille sur vos enfants et les préserve de tout accident qui pourrait compromettre leur frêle existence.

Marie, vous le savez, fut Mère, elle aussi ; elle eut pour Fils le plus aimable de tous les hommes. Elle passa, comme vous le faites, bien des nuits à veiller sur le berceau de son Fils bien-aimé ; elle répandit bien des larmes quand elle le vit, dès son enfance, exposé aux plus grands dangers ; elle endura mille fatigues, quand elle dut soustraire ce divin Enfant à la haine et à la fureur du roi barbare qui le faisait chercher pour le mettre à mort.

Elle sait donc par expérience tout ce que le cœur d'une mère renferme d'amour pour son enfant ; elle sait, pour l'avoir éprouvé, combien une pauvre mère souffre cruellement quand elle voit en danger la vie de ce cher petit être qu'elle aime si tendrement.

Continuez donc, parents chrétiens, de prendre la sainte Vierge pour protectrice de vos enfants ; continuez dans cette intention vos pieux pèlerinages à Notre-Dame de Beautertre, et soyez assurés que Marie veillera sur eux avec la plus entière sollicitude.

Mais ne vous contentez pas de demander à la sainte Mère de Dieu que vos fils et vos filles échappent à tous les dangers qui menacent leur enfance, qu'ils jouissent d'une bonne santé ; demandez aussi pour eux qu'ils conservent toujours la grâce de leur baptême et cette innocence qui les rend semblables aux anges, qui attire particulièrement sur eux les regards de Marie, parce que, en cet état, ils lui rappellent son cher Fils Jésus, la grâce et l'innocence même.

Demandez qu'ils n'affligent jamais l'âme de cette tendre mère, par leur vie peu chrétienne. Car c'est pour Marie une grande douleur de voir ceux qui sont devenus ses enfants, en devenant par le baptême les frères de son divin Fils, commettre le péché, négliger leurs devoirs religieux, ne plus fréquenter l'église et les sacrements, mépriser enfin, par leur conduite, les souffrances et la mort auxquelles l'adorable Sauveur s'est condamné afin de leur procurer le salut et la vie.

Promettez à Marie devant sa sainte image que vous ne négligerez rien pour que vos enfants deviennent d'excellents chrétiens ; que de bonne heure vous les instruirez des mystères de notre sainte religion, des vérités de la foi, des commandements de Dieu et de l'Église.

Promettez à Marie que vous leur donnerez surtout le bon exemple, en pratiquant vous-mêmes avec fidélité tous les devoirs que le christianisme impose.

Alors, croyez-le bien, Notre-Dame de Beautertre accueillera favorablement vos prières ; elle vous fera sentir, ainsi qu'à votre jeune famille, les effets de sa puissante protection et de l'immense crédit dont elle jouit auprès de Dieu.

6

§ III

Le mois de Marie dans l'église du château de Loches.

Il nous a semblé que, pour compléter l'historique du culte de Marie dans l'église du château de Loches, nous devions dire comment on y fête la très-sainte Vierge pendant tout le mois de mai, qui lui est particulièrement consacré, et porte pour cette raison le nom de Mois de Marie.

Nous nous plaisons à le dire, on trouverait difficilement une ville où le culte de la sainte Vierge fût plus en honneur qu'à Loches, et une église où le mois de Marie fût plus solennellement célébré qu'en l'église principale de cette charmante ville.

Voici la manière dont le Mois de Marie se fait chaque année dans l'église paroissiale du château :

Le soir de l'ouverture, la belle sonnerie des trois cloches, que l'on n'entend qu'aux grandes solennités, annonce le commencement des pieux exercices de ce mois de bénédiction.

A ce majestueux signal, les serviteurs de Marie prennent avec un saint empressement le chemin de l'église.

Comme chaque soir la réunion doit être nombreuse, et que de la grande nef on ne peut facilement apercevoir l'autel ordinaire de la sainte Vierge, l'on a élevé au milieu du chœur, pour toute la durée du mois, un autel de circonstance, merveilleusement décoré, chargé avec élégance de lumières et de fleurs.

Aux pieds de Marie se groupent les vierges chrétiennes qui se font un honneur de chanter les louanges de leur Reine. Parmi elles se trouvent des jeunes personnes appartenant aux familles les plus distinguées et les plus honorables de la ville. Aussi, leurs chants suaves et religieux surtout, exécutés en partie avec accompagnement d'orgue, donnent-ils à chaque exercice un caractère de solennité qui attire une assistance nombreuse et recueillie.

Ce mois, si cher à tous les cœurs catholiques, est terminé par une fête des plus magnifiques.

Le soir du 31 mai, les trois cloches appellent de nouveau au pied de l'autel de Marie les chrétiens, ses enfants, et bientôt après l'église peut à peine contenir la foule nombreuse qui vient pour la dernière fois, dans ce mois si aimé, adresser ses hommages à la très-pure Mère du Sauveur.

Quel merveilleux spectacle offre en ce moment l'antique collégiale! Le rond-point du sanctuaire paraît tout en feu. Des centaines de lumières, disposées avec un goût parfait, réunissent ensemble et le grand autel, sur lequel le divin Fils de Marie va venir bénir les pieux serviteurs de sa Mère, et l'autel élégant de la très-douce Vierge, élevé au milieu du chœur. Des guirlandes de fleurs, des tentures blanches et bleues, des bannières à l'image et au chiffre de Marie, des lustres aux nombreuses bougies, forment une merveilleuse décoration.

Soudain, au milieu du recueillement le plus profond, les accords suaves et harmonieux de l'orgue se font entendre; le *Magnificat* ou l'*Ave maris Stella* est entonné, et bientôt les voûtes du saint édifice retentissent de ce chant admirable auquel ont pris part presque toutes les personnes de la pieuse assemblée.

Puis, quand les chants ont cessé, un prédicateur paraît dans la chaire de vérité; il vient parler à ce peuple, si capable de le comprendre, des gloires, des vertus de Marie, et de ses maternelles bontés.

Il est rare que le prédicateur ne soit pas comme électrisé à la vue de son imposant auditoire, du merveilleux spectacle qui charme ses yeux, et des chants harmonieux qui ont précédé son discours.

Aussi comme ses paroles sont bien accueillies! Comme elles vont droit au cœur! Comme tous ceux qui l'entendent restent convaincus que pour honorer Marie il ne suffit pas de lui donner des fêtes splendides, mais qu'il faut surtout lui donner son cœur, et l'orner ce cœur de toutes les vertus que Marie sut pratiquer si admirablement pendant sa vie!

Après l'instruction les chants recommencent; pendant ce temps, deux jeunes enfants vêtus de blanc s'approchent du curé de la paroisse; ils lui présentent à bénir une couronne qu'ils vont offrir à leur bonne Mère; puis, conduits par leurs parents jusque auprès de la statue de Marie, ils récitent, de leurs voix enfantines, un acte de Consécration à la Reine des cieux, et, avant de se retirer, ils déposent sur sa tête la couronne dont ils lui font hommage.

Cette touchante cérémonie du couronnement de Marie est suivie du Salut solennel et de la bénédiction du très-saint Sacrement.

Si, pendant le Mois de Marie, aux simples réunions du soir, le chant des cantiques et des saluts est irréprochable sous le rapport du choix des morceaux et de leur exécu-

tion, on comprend aisément que les chants de la clôture
doivent être plus beaux encore. Il en est ainsi, et véritablement nous ne croyons pas que l'on puisse rien entendre de
plus harmonieux, de plus pieux, de plus ravissant.

C'est, du reste, l'opinion de ceux qui assistent à cette
magnifique solennité, et, sous l'impression de ce qu'ils ont
vu et entendu, tous quittent la maison du Seigneur en se
disant les uns aux autres : Oh! la superbe fête! quels
chants magnifiques ! Oh ! que tout était beau !

Pour nous, qui avons assisté plusieurs années à cette
magnifique clôture du Mois de Marie dans l'église du château de Loches, nous nous sentions profondément ému
quand était venu le moment de quitter l'antique collégiale. Chaque fois il nous semblait que notre âme était
partagée entre le plaisir délicieux que nous avions éprouvé
en assistant à cette belle fête, et le regret de la voir sitôt
finir ; nous nous disions intérieurement : « Ah ! s'il est
doux de fêter Marie sur la terre, combien nous serait-il
plus doux de la fêter au ciel ! Sur la terre ses plus belles
solennités ont un terme, mais au ciel nous la louerons sans
fin ; et de même qu'ici-bas nous savons unir dans nos âmes
l'amour de Jésus, notre Sauveur, et celui de sa très-douce
Mère, de même au ciel nos âmes sauront louer Dieu sans
mesure et vénérer Marie comme on vénère la plus aimante
et la plus aimée des Mères ! »

CHAPITRE III

Saint Ours, abbé, patron de la ville de Loches.

§ Ier

Vie de saint Ours ; — Le moulin de saint Ours.

Le glorieux patron de la ville de Loches, saint Ours, naquit au pays de Cahors, vers l'an 500 de J.-C. (1).

Dès sa plus tendre enfance il se montra plein de religion et d'amour de Dieu.

Il se sentait appelé par la divine Providence à propager au centre de la France la vie monastique, à faire goûter aux hommes de bonne volonté combien il est doux de quitter le monde, de se détacher de toutes les affections terrestres, et d'aller dans la solitude du cloître jouir des ineffables délices dont l'Esprit-Saint inonde les âmes de ceux qui ont tout abandonné pour se consacrer à Jésus-Christ.

Étant donc sorti de son pays, il vint dans le Berry, où il fonda trois monastères en des lieux appelés par saint

_____

(1) Gregor. Turon., *Vitæ Patrum*, cap. XVIII.

Grégoire de Tours, *Tausiriacum*, *Onia* et *Pontiniacum*.
Après avoir laissé à ces monastères des supérieurs capables
et d'une grande sainteté, il vint en Touraine et s'arrêta
à Sennevières. En cet endroit il bâtit un oratoire et un
monastère dont il laissa bientôt la direction au vertueux
Leubais. Quant à lui, il s'avança plus avant dans le pays;
il franchit l'Indre, et s'arrêtant sur les bords de cette
rivière, il érigea un nouveau monastère, appelé Loches,
dans l'anfractuosité d'un rocher sur lequel s'élève maintenant un château qui porte le même nom.

Ayant rassemblé ses disciples en ce lieu, le bienheureux
Ours résolut de ne plus chercher d'autre demeure, mais
d'y travailler, avec ses frères, de ses propres mains et de
tirer sa nourriture de la terre à la sueur de son front.

Plein de charité pour les pauvres, il aimait, dans ses
pieux entretiens avec ses religieux, à répéter ces paroles de
l'apôtre saint Paul : « Travaillez de vos mains, afin de
pouvoir ainsi venir en aide à ceux qui sont dans le besoin. »
Et pour encourager ses frères à se livrer aux plus rudes travaux, il leur citait encore ces autres paroles de l'apôtre :
« Celui qui ne travaille point ne doit pas manger. »

Le Seigneur lui accorda le don des miracles pour la
guérison des maladies et la délivrance de ceux qui étaient
possédés du démon. D'un souffle il chassait les esprits
malins du corps des énergumènes. Dieu voulut bien opérer
d'autres merveilles par son ministère.

Le saint abbé était d'une rare abstinence dans le boire et
le manger; il faisait une loi à ses disciples de détourner
sans cesse leurs yeux et leurs pensées de tout ce qui pouvait les porter au péché.

Pour soulager ses religieux, qui étaient obligés de moudre le blé à l'aide d'un moulin à bras, saint Ours résolut de substituer à ce moulin un moteur hydraulique. A cet effet, il fit enfoncer des pieux dans le lit de l'Indre et amonceler des pierres, de manière à former un barrage ; puis il réunit dans un canal toute l'eau de la rivière, dont l'impétuosité fit aussitôt tourner les roues du moulin avec une grande vitesse.

Cet ouvrage excita l'envie d'un seigneur goth, nommé Silarius, grand ami du roi Alaric. Il vint un jour trouver le saint abbé et lui dit : « Cède-moi ton moulin et je te donnerai ce qu'il te plaira.

— C'est avec bien de la peine, lui répondit saint Ours, que dans notre pauvreté nous avons mené à bonne fin ce travail, aussi nous ne pouvons le céder maintenant sans exposer nos frères à mourir de faim.

— Si tu consens, reprit le Goth, à me céder ce moulin de plein gré, je te serai reconnaissant ; mais si tu refuses, je le prendrai de vive force, ou du moins j'en ferai construire un, dont l'écluse, en refoulant l'eau sous la roue du tien, l'empêchera de tourner.

— Tu ne pourras agir contre la volonté de Dieu, repartit l'abbé ; quant à nous, nous ne consentirons jamais à céder notre moulin. »

Silarius irrité de ce refus accomplit sa menace ; il fit élever un moulin semblable à celui des religieux, de telle façon que l'eau de la rivière, se trouvant refoulée, inonda la roue du moulin du monastère et la rendit immobile.

Le frère gardien du moulin vint, en toute hâte, au milieu de la nuit, avertir de ce fait le saint abbé, qu'il

trouva dans son oratoire, veillant et priant avec ses religieux.

« Père, lui dit-il, priez le Seigneur avec encore plus de
ferveur, car, par suite des travaux que Silarius a établis sur
la rivière, la roue de notre moulin est inondée et ne tourne
plus. »

A cette nouvelle, saint Ours dépêcha quelques-uns de ses
frères vers les monastères qu'il avait fondés, avec cet
ordre : « Mettez-vous en prière et ne vous occupez de nulle
autre chose, jusqu'à ce que je vous fasse avertir de nouveau. »

Pour lui, il ne quitta pas l'oratoire, il s'y tint en prières,
attendant, avec une confiance entière, l'effet de la miséricorde divine. C'est ainsi qu'il passa deux jours et deux nuits.

A l'aurore du troisième jour, le gardien revint trouver le
saint abbé pour lui annoncer que la roue du moulin avait
recommencé à tourner avec sa rapidité première.

Le bienheureux, sortant alors de l'oratoire, se rendit avec
ses frères sur le rivage ; cherchant des yeux le moulin de
Silarius, il ne le trouva point ; il s'approcha du lieu où ce
moulin avait été construit, il regarda le lit de la rivière,
mais sans rencontrer rien qui pût le rappeler, pas même le
plus petit morceau de bois, de pierre ou de fer.

Les religieux frappés de ce prodige crurent que le Dieu
tout-puissant, en qui ils s'étaient confiés, avait englouti
dans les eaux le moulin de Silarius, dont il ne restait absolument aucune trace.

Saint Ours alors envoya dire à ses frères des monastères : « Reposez-vous maintenant, car Dieu a pris soin de
venger l'injure faite à nos frères. »

C'est orné des plus belles vertus et les mains pleines de mérites, que cet illustre serviteur de Dieu arriva au terme de sa vie mortelle et s'endormit dans le Seigneur.

Auprès de son tombeau les possédés du démon ont été délivrés, les aveugles ont recouvré la vue, et les peuples en foule ont recours au bienheureux confesseur pour obtenir l'effet de sa protection et de sa présence corporelle.

Tel est le récit que nous a laissé, sur saint Ours, l'illustre évêque de Tours, saint Grégoire, dans son livre de la *Vie des Pères*.

Les habitants de Loches, que saint Ours avait tant édifiés pendant sa vie par ses saintes prédications, qu'il avait secourus si souvent dans toutes leurs nécessités par ses aumônes et ses miracles, ne tardèrent pas à lui rendre le culte des saints et à le choisir pour leur protecteur et le patron de leur ville.

Peu de temps après la mort du saint abbé, une église s'éleva sur son tombeau, porta son nom, et devint église paroissiale.

§ II

Le culte de saint Ours, à Loches.

Avec les années et les siècles, le culte de saint Ours ne fit que s'accroître à Loches; le 28 juillet, jour anniversaire de l'heureux passage du saint à une vie meilleure, était devenu pour la ville un grand jour de fête; en ce jour le peuple venait en foule chanter les louanges du saint confesseur dans l'église qui lui était dédiée et prier sur son tombeau.

Vers le milieu du XVIIe siècle, l'archevêque de Tours, Victor Le Bouthillier, fit exhumer les ossements de saint Ours, du tombeau qui les renfermait encore, et les fit déposer dans une châsse, afin que chacun pût les contempler et les vénérer.

Aux jours de la fête du saint abbé, le Chapitre royal de Notre-Dame de Loches se rendait processionnellement à l'église paroissiale de Saint-Ours.

Le peuple de la ville aimait en ce même jour à visiter le moulin de son saint patron. On prétend que ce moulin, dit de Saint-Ours, et qui subsiste encore, garda jusqu'à l'époque de la Révolution la meule que le saint abbé y avait fait placer.

Cette meule, dont le savant bénédictin, don Martenne, n'a pas dédaigné de parler dans son *Voyage littéraire,* était d'une seule pièce; elle avait sept pouces sept lignes d'épaisseur (1).

Souvent les reliques de saint Ours furent portées en procession, pour obtenir de Dieu, par l'intercession du saint, la cessation de quelque calamité.

Voici à ce sujet ce que nous avons lu dans un manuscrit :

Le 15 juin 1739, on fit une procession avec les deux châsses de saint Ours, en l'église des Cordeliers, pour avoir de la pluie.

Le 22 juin de la même année, on fit pour le même objet une nouvelle procession avec les châsses de saint Ours. La

(1) Voyez aussi Piganiol de la Force, *Nouvelle description de la France.*

procession partit à six heures du matin de l'église paroissiale et se rendit à la chapelle de Sainte-Barbe, sur Beaulieu, où le curé de Saint-Ours dit la messe. En revenant, la procession s'arrêta dans l'église des Viantaises (1); les religieuses y reçurent avec honneur les reliques du bienheureux, chantèrent devant elles un motet et l'hymne des Confesseurs.

Le lendemain, même procession avec les saintes reliques; on se rendit ce jour-là à l'église des Ursulines (2) où la grand'messe fut chantée.

Le 5 mai 1754, on commença une neuvaine à saint Ours, pour avoir de l'eau; la terre n'avait pas trempé depuis trois mois; le lendemain, 6 mai, il plut tout le jour.

Enfin, le 26 juillet 1758, on commença une neuvaine à saint Ours, pour faire cesser les pluies continuelles.

Ces quelques citations prouvent surabondamment la grande confiance que la ville de Loches a toujours eue en son saint patron.

A la Révolution, l'église paroissiale de Saint-Ours fut pillée; le tombeau du bienheureux fut profané, ses reliques furent dispersées et jetées au vent, et comme si ce n'était point assez de toutes ces profanations sacrilèges, l'église fut détruite pour qu'il ne restât aucune trace du culte plein d'amour que, depuis des siècles, la ville de Loches n'avait cessé de rendre à son illustre protecteur.

(1) Le monastère des religieuses chanoinesses de Saint-Augustin, de Beaulieu, fut fondé en 1640, par Catherine Boursaut de Viantais, d'où ces religieuses furent nommées *Viantaises.*

(2) Les Ursulines de Loches furent établies en 1627.

Mais, après le Concordat, l'église collégiale encore debout devint église paroissiale de Loches, sous le vocable de saint Ours.

Cependant, quoique privée du tombeau et des reliques de son saint patron, la ville de Loches n'a pas cessé d'avoir pour saint Ours la plus grande vénération. Les pieux fidèles de la paroisse se souviennent encore avec bonheur que saint Ours a vécu dans ces contrées, qu'il y a passé une partie de sa vie, qu'il s'est entretenu avec leurs pères, qu'il leur a parlé de Dieu et le leur a fait aimer; que cette terre qu'ils foulent aux pieds a été arrosée de ses sueurs; ils se rappellent que c'est ici-même qu'usé par les veilles, les jeûnes et la pratique de toutes les vertus, le saint religieux a rendu sa belle âme à Dieu; que son corps enfin est resté pendant de longs siècles à leurs aïeux, comme un gage de salut.

Aussi la fête de saint Ours est toujours célébrée à Loches avec la même dévotion, le même empressement, le même éclat qu'autrefois.

En ce jour, le moulin de Saint-Ours, situé à l'extrémité de la rue Quintefol, est converti en une élégante chapelle; sur un autel parfaitement décoré, entouré de guirlandes et de fleurs, on voit le buste du saint patron de la ville et de la principale paroisse de Loches; et un nombre considérable de pieux fidèles vient à ce gracieux oratoire prier le bienheureux confesseur et se mettre sous sa puissante protection.

Nous allons donner quelques parties de l'office solennel de saint Ours, en usage à Loches depuis fort longtemps et qui n'a été abandonné que depuis l'adoption de la liturgie

7

romaine dans le diocèse de Tours, c'est-à-dire depuis l'année 1859.

Nous ferons observer à cette occasion, que par suite de l'adoption du rit romain, la fête de saint Ours a été fixée au 27 juillet, tandis qu'autrefois on la célébrait le 28, qui est la date de la mort du saint. Toutefois, nous nous garderons de critiquer ce changement, bien qu'il soit quelque peu regrettable pour la ville de Loches ; en effet, la liturgie romaine a donné une place d'honneur à saint Ours dans le calendrier diocésain ; avec le rit que nous avons quitté, le saint abbé n'avait qu'une simple mémoire, pour le diocèse entier, au vingt-huitième jour de juillet, tandis que maintenant tout le diocèse en fait la fête, sous le rit double-mineur, au 27 du même mois.

§ III

Extraits de l'office solennel longtemps en usage, à Loches, pour la fête de saint Ours.

Dans l'office propre de la fête de saint Ours, l'hymne des vêpres était celle-ci :

« Principaux habitants et peuple de cette ville, réunissez-vous, et fixez les yeux sur les cendres sacrées du bienheureux saint Ours.

« L'amour de Dieu, qui l'anime dès son enfance, révèle qu'il sera célèbre par sa sainteté.

« Instruit à l'école de Jésus-Christ, ses pensées sont pour le ciel ; étranger au commerce du monde, il fuit ce que tant d'hommes recherchent avec ardeur.

« Il triomphe de ses sens par le jeûne, et son âme a plus de liberté; il passe les nuits dans de saintes veilles, et il s'unit ainsi plus étroitement à Dieu.

« Guidé par ses pensées célestes, il développe le germe de toutes les vertus ; par les règles de l'Évangile il forme une armée de saints.

« Zélé serviteur, il a bientôt doublé le talent qui lui a été confié, ses mérites portent déjà leurs fruits en toute occasion.

« O Père, qui montez aux demeures célestes, saint Ours, n'abandonnez pas vos enfants, mais faites qu'ils puissent mériter dans la patrie les places qui leur sont réservées. Amen. »

A Matines, on récitait l'hymne suivante :

« Quelle langue pourrait exprimer les admirables vertus de notre glorieux saint Ours ? Content de vivre pour Dieu seul, il méprise tout ce qui peut flatter les sens.

« Ville de Loches, réjouis-toi, tu es enrichie des cendres de saint Ours; tu as éprouvé en toute circonstance le pouvoir que lui a acquis sa sainteté.

« Tu vis sur l'Indre le moulin bâti pour le soulagement de ses frères, se soutenir malgré l'envie, et celui de Silarius être englouti en un instant par la violence des eaux.

« Dieu se plaît à combler des biens célestes ce saint qui sut, en très-peu de temps, amasser un trésor de toutes sortes de vertus.

« Les miracles qu'il opère en son tombeau montrent qu'il vit après sa mort. Quiconque veut recourir à lui se trouve soulagé dans ses peines.

« O Père, qui prenez possession des demeures célestes,

n'abandonnez pas vos enfants, mais faites qu'ils puissent mériter, dans la patrie, les places qui leur sont réservées.

« Et vous, Trinité sainte en un seul Dieu, qui formez les saints, conduisez-nous dans le chemin du ciel, en considération des prières bienfaisantes de saint Ours. Amen. »

Les antiennes des nocturnes et les répons sont autant d'éloges donnés à la vertu de saint Ours, et de marques de confiance en sa puissante protection.

« Ours, ce très-saint homme, a mérité d'être glorifié par sa nation ; c'est pourquoi chacun s'efforce de le louer. C'est cet homme de miséricorde dont la tendresse ne manqua jamais au besoin des autres; aussi sa gloire sera immortelle. » (*Antienne du* 1er *Nocturne.*)

« Il vit la mort approcher avec un esprit inébranlable ; à ses derniers moments il consola ses disciples tout en larmes. Il soupirait après cette ville bâtie sur de solides fondements, dont Dieu est le créateur et l'architecte. » (*Antienne,* 2e *Nocturne.*)

« Le souvenir de l'illustre saint Ours sera aussi agréable à tout le monde que le miel le plus exquis.

« Il est aussi estimable qu'un vase d'or massif, enrichi de toute sorte de pierres précieuses.

« Que notre âme se réjouisse à la vue de sa tendresse, et ne nous lassons jamais de le louer. » (*Antienne,* 3e *Nocturne.*)

« Saint Ours, confesseur de Jésus-Christ, écoutez les prières de vos humbles serviteurs, faites-nous part de la grâce que vous aurez obtenue pour nous du Ciel. O vous, confesseur du Christ, bienheureux saint Ours, priez Dieu pour nous. » (*VIe Répons.*)

« Voici l'homme qui aime véritablement ses frères et tout le peuple d'Israël. C'est lui qui prie beaucoup pour le peuple et pour la cité sainte.

« Cet homme fut le plus doux de tous les hommes et il prie continuellement pour le peuple et pour la cité sainte. » (*VIIe Répons.*)

« Que la mémoire de saint Ours soit en bénédiction, que ses ossements revivent et soient féconds dans leur tombeau, afin que son nom demeure à jamais gravé dans nos cœurs. » (*VIIIe Répons.*)

L'Antienne de *Magnificat* des secondes Vêpres était celle qui suit :

« Le bienheureux confesseur du nom de Dieu, saint Ours, quittant aujourd'hui, à la vue de ses disciples, ce siècle périssable, a rendu sa précieuse âme au ciel, et a reçu de Jésus-Christ le vêtement de gloire et d'immortalité. »

A la Messe solennelle on chantait la prose suivante :

« La fête de saint Ours, notre patron, fait naître une sainte allégresse; pour lui rendre les honneurs qui lui sont dus, que nos cœurs soient purs comme notre hommage.

« Il règne maintenant dans les cieux, celui qui vécut dans le monde sans en suivre les maximes, mais en vaillant soldat de Jésus-Christ.

« Pénitent avant d'être coupable, il se courba volontairement sous la croix, et par de rudes combats il s'affranchit des liens de la chair.

« La chasteté dompta ses sens, la foi forma son âme à la piété, le zèle de la charité émut ses entrailles; ainsi se purifia la victime qui devait être agréable à Dieu.

« Libre désormais dans son essor, son âme s'élance aux demeures éternelles, et commence avec Dieu même les doux rapports qu'elle n'a pas eus avec les hommes.

« En présence des chœurs célestes, jouissant d'un ineffable repos, il est absorbé par la vision de la Divinité à laquelle il ne cesse de rendre hommage.

« Déjà la nature, docile à sa voix, enfante des prodiges; la foule des fidèles est dans l'admiration, l'enfer jaloux frémit de rage.

« Mais c'est en vain que l'envie exerce ses fureurs contre le saint; que peut la violence des mortels contre celui que les démons eux-mêmes redoutent ?

« Enfin, consumé par l'amour divin, ne vivant plus pour lui, mais s'immolant sans cesse par la pénitence, il voit lentement s'épuiser sa vie.

« Pouvant à peine soutenir son corps affaibli, il appelle le moment de sa mort dans son désir ardent d'être réuni à Dieu.

« Faites-nous la grâce, ô Jésus, de vivre comme lui, d'être animés du même amour pour vous, de parvenir après les jours si courts de cette vie aux joies de l'éternité.

« Gloire à vous, Père éternel du Verbe; gloire à vous, Fils éternel du Père dont vous êtes l'égal; gloire à vous, Esprit-Saint, semblable au Père et au Fils. Amen. »

Nous terminerons ces longues citations par les oraisons suivantes, extraites également de l'Office de saint Ours :

« O Dieu, qui avez inspiré au bienheureux saint Ours de mépriser tous les biens de la terre pour s'attacher à votre Croix, faites-nous la grâce d'apprendre par ses mérites et son exemple, à fouler aux pieds les délices de ce monde qui périra, et de triompher de tous les obstacles en embrassant aussi votre Croix.

« Dieu tout-puissant et éternel, qui offrez dans tous les temps votre appui à ceux qui vous sont fidèles, nous vous supplions de nous accorder les secours que nous implorons par les mérites du bienheureux confesseur et abbé saint Ours, dont nous nous glorifions de posséder les restes précieux.

« Dieu clément et miséricordieux, jetez un regard sur vos serviteurs qui mettent leur confiance dans les mérites du bienheureux saint Ours, pour qu'ils puissent honorer un jour dans le ciel celui qu'ils se glorifient d'avoir pour patron sur la terre.

« Seigneur tout-puissant, nous sommes vos serviteurs, assistez-nous au nom des mérites de saint Ours, confesseur, et puisque nous apprenons, par l'histoire de sa vie et de ses vertus, qu'il a su vous plaire, faites qu'à son exemple et par votre grâce nous puissions faire tout ce qui vous sera agréable. Par Notre-Seigneur Jésus-Christ. Amen. »

Et vous, ô bienheureux saint Ours, confesseur de Jésus-Christ, n'abandonnez pas ceux qui vous servent de tout leur cœur, mais soyez continuellement un puissant intercesseur pour nous dans le ciel auprès du Seigneur.

CHAPITRE IV

Saint Baud, évêque de Tours.

§ Ier

Vie édifiante de saint Baud.

Saint Baud naquit au vie siècle, à Verneuil, petite paroisse des environs de Loches, de parents d'une grande naissance. Son mérite personnel, autant que son illustre origine, l'avait rendu cher au roi Clotaire II, qui lui donna la haute charge de grand référendaire (1). Les anciens auteurs nous disent que de Verneuil, dont il était seigneur, le grand référendaire venait souvent au château de Loches, qui dès cette époque, avait quelque importance.

Loin de se laisser éblouir par l'éclat des grandeurs de ce monde, Baud en sentait toute la vanité.

On le vit un jour se démettre de sa charge royale, abandonner ses grandes possessions, quitter sa femme et ses enfants, pour se consacrer entièrement à Dieu.

(1) *Histor. Francorum*, lib. IV, capp. III et IV; lib. X, cap. XXXI, 16.

Le clergé et le peuple de Tours n'avaient pu voir sans admiration ce grand du monde, cet illustre seigneur, ce favori d'un roi puissant, quitter le siècle, se faire volontairement l'humble ministre de Jésus-Christ et s'efforcer en tout de marcher sur les traces du divin Maître; aussi quand leur évêque Injuriosus mourut, ils jugèrent saint Baud digne des fonctions sacrées de l'épiscopat; ils portèrent donc sur lui l'unanimité de leurs suffrages, et ils le firent asseoir, malgré sa résistance, sur le siége à jamais illustre des Gatien et des Martin.

Devenu évêque, saint Baud, à qui saint Grégoire de Tours, dans son *Histoire des Francs*, donne le titre de bienheureux, se distingua par toutes les vertus d'un bon pasteur, et surtout par une inépuisable charité envers les pauvres.

Ayant trouvé dans le trésor de l'église de Tours 20,000 écus d'or que son prédécesseur avait amassés pour les employer aux besoins de son église, saint Baud les distribua tous aux pauvres, qui sont les membres souffrants de Jésus-Christ.

Saint Grégoire de Tours nous a conservé le souvenir d'une circonstance dans laquelle saint Baud fut préservé d'un péril imminent par sa confiance en saint Martin. Un jour que le pieux évêque était sur mer, le vaisseau fut surpris par une effroyable tempête qui menaçait de l'engloutir. Un vent violent agitait la surface de la mer, auparavant si calme, et la creusait en gouffres profonds. Tantôt le navire s'élevait sur le dos des vagues, hautes comme des montagnes, tantôt il descendait dans les abîmes qui s'ouvraient au milieu des eaux. Le mât, qui portait le signe de la croix comme un symbole de salut, avait été brisé par l'ouragan. Tous les passagers, démoralisés par l'imminence du danger, ne faisaient aucun mouvement et s'attendaient à une mort prochaine. Alors le saint vieillard, voyant que toutes les ressources humaines étaient épuisées, et qu'il ne restait plus d'autre moyen de salut que la prière, se jette à genoux en versant des larmes abondantes, et levant les mains vers le ciel, il implore le secours de Martin et le conjure de venir promptement à son aide. Un passager impie, raillant sa confiance, lui disait : « Ce Martin, que tu invoques, t'a abandonné, et il ne viendra point à ton secours dans cette nécessité. » Le démon avait sans doute inspiré ces paroles pour détourner le pieux évêque de sa prière. Mais saint Baud, repoussant ce conseil du désespoir, redouble d'instances et de ferveur, et exhorte ses compagnons à joindre leurs prières aux siennes. Tout à coup une suave odeur se répand sur le vaisseau, comme si une main invisible agitait un encensoir rempli des parfums les plus précieux. Était-ce l'oraison qui montait aux pieds du Seigneur comme un nuage d'encens ? Était-ce un signe sensible de la présence et du secours du bienheureux Martin ? Nous ne savons, mais dès lors le vent s'apaisa, la mer abaissa ses vagues menaçantes, le ciel redevint serein et permit au vaisseau d'entrer au port avec sécurité. Tous les passagers, délivrés de la menace de la mort, rendirent grâces au Seigneur et au bienheureux Martin (1).

Saint Baud bâtit en Touraine l'église de Neuillé, *Noviliacus*. Les historiens de notre pays ne savent pas auquel des trois bourgs qui portent le nom de Neuillé ou de

---

(1) Gregor. Turon., *De miraculis S. Martini*, lib. I, cap. IX.

Neuilly, ce nom doit être appliqué. Le moine de l'abbaye de Saint-Julien de Tours, qui fit au XIVe siècle des additions à la *Chronique de Tours abrégée*, prétend dans une note que ce bourg de *Noviliacus* n'est autre que celui de Verneuil, patrie de saint Baud (1).

Après six années d'un laborieux épiscopat, Dieu appela à lui ce saint pontife pour récompenser ses admirables vertus et le zèle avec lequel il avait administré son diocèse.

§ II

Translation du corps de saint Baud à Verneuil et à Loches.

Le corps du saint évêque fut d'abord enseveli dans l'église de Saint-Martin de Tours. Plus tard, quand on lui rendit le culte des saints, ses précieux restes furent transportés à Verneuil et déposés dans l'église que lui-même y avait fait construire. Ils y furent honorés jusqu'au commencement du XIe siècle.

A cette époque, Sulpice de Buzançais, trésorier de l'église de Saint-Martin de Tours, seigneur d'Amboise et de Verneuil, ayant trouvé l'église de Verneuil trop peu digne du précieux trésor qu'elle renfermait, voulut en faire construire une autre plus grande et plus belle, afin d'y placer avec honneur le corps du bienheureux.

Voici, d'après l'ancien bréviaire de l'église collégiale de

(1) *Vicus Noviliacus, qui modo vocatur Vinulium, Verneuil seu Vernolium.* — *Chron. Archiepiscop. Turon.*, 209.

Loches, les prodiges qui accompagnèrent la translation des saintes reliques en cette nouvelle église.

Une foule immense de fidèles de l'un et de l'autre sexe se trouvèrent rassemblés à Verneuil au jour fixé pour la translation des reliques de saint Baud.

Saint Arnould, évêque de Tours, accompagné d'un nombreux clergé, s'était aussi rendu à Verneuil pour faire la dédicace et la consécration de l'église.

Quand la cérémonie de la consécration fut terminée, saint Arnould et ses prêtres voulurent opérer la translation du corps de l'illustre évêque. Mais malgré tous leurs efforts ils ne purent que le soulever à peine, et ils furent presque aussitôt obligés de le déposer à terre.

Tous les assistants furent grandement étonnés de ce prodige; mais saint Arnould, se tournant vers la nombreuse assemblée, l'engagea à joindre ses prières aux siennes, pour que Dieu, se laissant fléchir par leurs ardentes supplications et leurs larmes, leur permît de procéder sans obstacle à la translation du corps du saint pontife.

Tout le peuple aussitôt tomba à genoux et s'unit à la prière de son premier pasteur.

C'est alors que le trésorier de Saint-Martin, Sulpice, voulant par un acte de générosité et de piété, se rendre agréable à la divine Majesté et à saint Baud, fit en présence de tout le peuple l'abandon entier de Verneuil et de ses dépendances au Dieu tout-puissant et à son illustre serviteur saint Baud. Il espérait ainsi obtenir le pardon de ses péchés, ceux de tout le peuple, et voir disparaître la cause mystérieuse qui avait empêché la translation des restes sacrés du bienheureux pontife.

Quand l'acte de la donation eut été dressé, saint Arnould et ses prêtres s'approchèrent de nouveau du corps du saint évêque; ils le soulevèrent sans effort.

En cet instant, tous comprirent que le Roi du ciel avait reçu favorablement et accepté la donation de Sulpice; ils en avaient pour preuve la facilité avec laquelle on pouvait remuer et transporter le corps du glorieux saint Baud, ce que l'on n'avait pu faire auparavant.

Le peuple alors fit éclater sa joie par des chants d'allégresse et des hymnes sacrées; au milieu de cet enthousiasme et de ces chants de jubilation, l'évêque de Tours, Arnould, ayant pris sur ses épaules les restes sacrés de son bienheureux prédécesseur, les porta sans fatigue et les plaça avec respect auprès de l'autel de la nouvelle église.

Le corps de saint Baud reçut à Verneuil les hommages des fidèles jusqu'à l'année 1086.

A cette époque, le prieur du Chapitre de Notre-Dame de Loches, seigneur de Verneuil, craignit que, par suite des guerres sanglantes qui désolaient nos contrées, les saintes reliques de saint Baud ne fussent profanées, et il les fit transporter avec la plus grande solennité dans l'église du château royal de Loches (1).

Nous avons parlé de cette translation, dans la première partie de notre travail; nous avons dit aussi qu'à partir de ·ᴼ jour, saint Baud fut honoré comme un des patrons de l'église collégiale; que ses reliques furent placées à un coin du maître-autel, dans une châsse richement décorée; qu'on les portait chaque année processionnellement avec celles de saint Hermeland, à Ferrières-sur-Beaulieu, le

(1) Maan, *Ecclesia Turonensis*, pp. 36, 93, 142.

vendredi de la Fête-Dieu, par suite d'un vœu fait en 1301, et que cette procession, à laquelle assistaient les curés de vingt-huit paroisses, s'appelait *procession des corps saints*.

Voici l'hymne que l'on y chantait en l'honneur de saint Baud :

« A l'honneur du Sauveur et de tout notre cœur unissons nos voix pour chanter les louanges de saint Baud, confesseur et pontife.

« Issu d'une noble famille, il brilla par la pureté de ses mœurs. Sa vie resplendit comme une étoile radieuse, et, comme la rose encore dans toute sa fraîcheur, elle répandit dans le monde une odeur agréable.

« Il mit tout son soin à naviguer habilement sur cette mer orageuse de la vie, à se préserver de la contagion et des ruses du monde. Il ne rougit pas de dompter sa chair avec la croix.

« Affaibli par des jeûnes fréquents, il fut appelé contre son gré, par la voix unanime du peuple, au gouvernement de l'église de Tours.

« Il donna aux pauvres l'or mis en réserve par son prédécesseur ; il fut toujours d'une admirable innocence ; souvent par ses prières il guérit des malades et des infirmes de toute sorte.

« Vainqueur de l'ennemi du salut, de sa chair et du monde, il quitta la vie du siècle. Par ses prières le peuple obtient des grâces de guérison ; les boiteux retrouvent le libre usage de leurs jambes, les aveugles revoient la lumière du jour. Il a rendu la vie à un jeune enfant.

« O Dieu puissant, délivrez-nous de tous nos péchés par l'intercession de ce saint pontife, et faites que votre grâce, après nous avoir purifiés de toutes nos souillures, nous préserve de la mort éternelle.

« Puissance, victoire soient à jamais à l'adorable Trinité qui éleva saint Baud au plus haut des cieux, et qui daigne nous appeler, de ce lieu de misères, aux joies du paradis. Amen. »

Les reliques de saint Baud furent dispersées lorsque l'église Notre-Dame de Loches fut pillée pendant la Révolution.

La fête de ce saint évêque de Tours se célèbre encore dans le diocèse, le neuvième jour de novembre.

CHAPITRE V

Saint Hermeland, abbé.

§ Ier

Vie de saint Hermeland.

Saint Hermeland naquit à Noyon vers le milieu du
VIIe siècle. Ses parents, qui étaient riches et puissants, le
confièrent de bonne heure à des maîtres habiles; sous leur
direction il fit en peu de temps de grands progrès dans les
sciences humaines. Il n'en fit pas de moins grands ni de
moins rapides dans la vertu, car dès l'enfance il s'appliqua,
dit son biographe, « à réprimer la pétulance de la jeunesse
par la précoce gravité de ses mœurs, et jamais il ne laissa
son cœur incliner vers aucun des désirs de l'attrayante
volupté (1). »

Bien qu'il eût préféré quitter le monde pour se consacrer,
dans la solitude, entièrement au service de Dieu, il suivit
néanmoins la volonté de ses parents qui, le voyant instruit

(1) *Vita S. Hermel.*, apud Bollandd.

et propre à servir avec distinction dans la milice royale, désiraient le voir entrer à la cour du roi des Francs.

Là, ses aimables qualités, sa brillante valeur, lui attirèrent l'affection de tous ; le roi surtout le prit en grande amitié, et il voulut lui donner à remplir auprès de sa personne une charge des plus importantes.

Déjà ses parents et ses amis pensaient à son établissement; déjà même on l'avait fiancé, malgré lui, à la fille d'un illustre et puissant seigneur, lorsque le saint jeune homme, plus épris que jamais de l'amour de la solitude, résolut de quitter enfin pour toujours ce monde brillant au milieu duquel il se reprochait d'avoir vécu trop longtemps.

Après avoir obtenu du roi son seigneur et maître, la permission de suivre l'attrait de son cœur, il vint au monastère de Fontanelle, dans le pays de Caux (partie de la haute Normandie), demander l'habit monastique au vénérable et saint abbé Lantbert.

L'œil exercé de Lantbert reconnut bientôt dans Hermeland toutes les qualités précieuses que Dieu y avait déposées ; il le jugea digne des honneurs du sacerdoce, et l'évêque du pays, sur la demande qui lui en fut faite par l'abbé de Fontanelle, conféra les saints ordres au nouveau religieux.

Hermeland, devenu prêtre du Dieu vivant, s'acquitta de ses augustes fonctions avec une piété tout angélique. « En offrant chaque jour dévotement à Dieu la victime adorable, il savait aussi chaque jour faire de son corps une vivante hostie, par les macérations de la pénitence. »

Tandis que le fervent religieux édifiait par sa vertu ses frères de Fontanelle, l'évêque de Nantes, Pasquaire, dési-

rant doter son diocèse d'un monastère, envoya vers le
vénérable Lantbert, son ami, des messagers chargés de lui
dire :

« Votre ami le pontife Pasquaire, pressé par les prières
de tout son peuple, désire vivement que, dans son diocèse,
des moines viennent mener la vie régulière, pour l'édifica-
tion des âmes, l'exaltation de l'Église et la perpétuelle
louange de Dieu. Or, instruit par la renommée que votre
communauté s'illustre plus que toutes les autres dans la
perfection de la vie religieuse, il vous prie de lui envoyer
quelques moines qui sachent observer et apprendre à
d'autres ce genre de vie, afin que par eux il puisse
accomplir le plus ardent de ses souhaits. »

Accédant à un si pieux désir, l'abbé de Fontanelle résolut
d'envoyer à l'évêque de Nantes quelques-uns de ses religieux, sous la conduite du frère Hermeland ; mais avant
de prendre une détermination, il voulut avoir l'avis du
saint homme.

« Je vous en supplie, mon Père, lui dit le fervent religieux, ne me demandez pas quelle est ma volonté,
puisque pour Jésus-Christ je l'ai livrée tout entière à
votre discrétion. Mais partout où vous m'enverrez, je
m'efforcerai d'aller avec joie et comme si j'en avais reçu
l'ordre du Ciel. Que seulement la volonté du Seigneur et la
vôtre soient faites. »

« Allons, mon fils, reprend l'abbé, qu'une telle obéis-
sance remplit de joie, entrez comme un soldat de Jésus-
Christ dans cette heureuse carrière ; entreprenez courageu-
sement cette bonne œuvre, à l'aide de laquelle et vous et
beaucoup d'autres entrerez dans le royaume des cieux. »

Après que Lantbert eut adressé ses dernières instructions au vénérable Hermeland et aux douze frères qui devaient l'accompagner, les religieux de Fontanelle donnèrent en pleurant le baiser de paix à ceux qui allaient les quitter.

Quand l'évêque Pasquaire fut averti de l'arrivée des religieux de Fontanelle dans la cité Nantaise, il s'écria transporté d'une joie ineffable :

« Le Seigneur s'est souvenu de moi, il a daigné combler tous mes vœux.» Puis accourant au-devant d'eux jusqu'à la porte de la basilique des bienheureux apôtres Pierre et Paul, où ils étaient entrés pour prier, il les salua par ces paroles :

« Béni soit le Seigneur qui m'a fait assister à votre bienvenue ; il a dit par la bouche inspirée du prophète David, que c'était chose bonne et délicieuse pour les frères d'habiter ensemble ; et voilà que pour nous il accomplit sa promesse en ce jour. »

Et les ayant reçus comme s'ils eussent été des anges, il leur donna l'hospitalité dans sa propre demeure.

Le lendemain dès l'aurore, Hermeland, avec le consentement de l'évêque, naviguait sur la Loire à la recherche d'un lieu favorable pour l'érection d'un monastère.

Pasquaire l'avait engagé à visiter plusieurs îles situées à quelques milles seulement de la cité.

Les matelots abordèrent promptement à l'une de ces îles qui surpasse en grandeur toutes celles qui l'entourent.

C'était l'île d'Aindre, que l'homme de Dieu trouva on ne peut plus convenable à l'accomplissement de ses desseins. Il y jeta promptement les fondements des maisons nécessaires aux religieux, et ceux de deux églises, l'une en l'honneur de l'apôtre saint Pierre, l'autre en l'honneur de l'apôtre saint Paul.

Le Seigneur le protégeait dans ses entreprises; aussi acheva-t-il en peu de temps tous ces travaux.

L'évêque de Nantes, Pasquaire, entouré des prêtres de son église cathédrale, voulut faire la dédicace du monastère.

Depuis lors beaucoup d'habitants du pays Nantais commencèrent à quitter le siècle et à se mettre en la communauté du bienheureux Hermeland, tandis que d'autres s'empressaient d'y offrir leurs enfants à Dieu.

Aux uns comme aux autres Hermeland enseignait en paroles et en œuvres les exercices de la vie intérieure, tellement que dans ce lieu le troupeau de Jésus-Christ s'accrut considérablement en nombre et en vertus.

La vie des moines sous un tel abbé était si parfaite que la bonne odeur de leur sainteté se répandait en tous pays, et que chacun de ceux qui le connaissaient glorifiait, pour une œuvre aussi merveilleuse, Dieu notre Père qui est dans les cieux.

Dieu fit éclater en bien des circonstances la sainteté de son serviteur par des prodiges éclatants. La plupart sont rapportés, avec beaucoup d'intérêt, par le pieux biographe du vénérable abbé. Nous regrettons vivement de ne pouvoir les transcrire ici; qu'il nous suffise de citer les faits suivants :

Une nuit, dans l'île d'Aindrette, voisine de l'île d'Aindre, où le bienheureux Hermeland avait coutume, en carême, de macérer son corps par les rigueurs de l'abstinence, comme il entrait dans l'oratoire de Saint-Aignan, le chemin qu'il suivait devint subitement plus lumineux que le reste du pavé, et le lieu où il avait coutume de prier fut à l'instant éclairé d'une éblouissante clarté. C'était, ajoute le biographe, un témoignage de la parfaite pureté de cœur de ce saint confesseur dans l'exercice de la prière.

Une fois que le bienheureux Hermeland faisait une lecture, assis sous un arbre, des chenilles qui rongeaient les feuilles et les fruits de cet arbre tombaient à chaque instant sur son livre et le gênaient beaucoup. Il le supportait très-patiemment, car il était le plus doux des hommes ; mais un des frères s'étant aperçu de l'incommodité qu'il en souffrait, se mit à écraser ces insectes sous ses pieds ; le saint l'empêcha en disant : « Non, je vous en prie, frère, n'essayez pas de nous débarrasser de ce que la Providence envoie pour nous punir. » La puissance divine daigna récompenser sa patience en détruisant les chenilles, qui depuis longtemps infestaient cet arbre ; la nuit suivante elles disparurent, de telle sorte qu'il n'en resta pas une seule.

Un voleur, possédé de l'esprit de cupidité, déroba un jour les bœufs qui servaient à transporter le bois nécessaire au bienheureux.

Celui-ci, se voyant privé du service qu'il tirait de ces animaux, supporta patiemment cette perte, et, recourant à l'arme de la prière, supplia le Seigneur pour que ses bœufs lui fussent restitués. Telle fut la force de son oraison qu'elle put obtenir de Dieu que le voleur, après avoir marché toute la nuit, s'efforçant de conduire les bœufs dans un canton éloigné, se retrouvât, au matin, accablé de fatigues, à la porte même du saint, à qui il fut contraint de rendre ce qu'il avait, avec tant de peine, essayé de dérober. Hermeland, s'adressant en toute douceur au voleur, lui prodigua de vrais témoignages de bienveillance. Après l'avoir exhorté à ne plus obéir aux inspirations de l'ennemi du salut, puisqu'il s'exposerait ainsi à subir ici-bas les poursuites de la vindicte publique et à brûler, après la mort, dans les flammes éternelles, il le laissa libre et lui permit de s'éloigner.

Enrichi des grâces du Seigneur, objet de la vénération des populations qui l'avaient vu si souvent opérer les plus éclatants miracles, plein de bonnes œuvres et de mérites, le saint abbé vit arriver d'un œil tranquille le jour de sa mort, que Dieu lui avait fait connaître.

Ce jour-là tous les frères du monastère, à qui il avait annoncé sa fin prochaine, se réunirent autour de lui et lui firent cette humble prière :

« Comme sur la terre, vous avez été notre maître et notre guide, ainsi dans le ciel, daignez vous faire notre patron et notre perpétuel intercesseur. »

Avec une bonté touchante le vénérable Hermeland exhorta ses religieux, chacun en particulier, à persévérer dans leur sainte profession ; puis il se munit lui-même du sacrement du corps et du sang du Seigneur; enfin succombant sous le poids des ans, il étendit ses membres sur sa couche et rendit son esprit à Dieu.

De nombreux miracles s'opérèrent par son intercession, dès le jour où les frères lui rendirent les honneurs de la sépulture. Aussi son tombeau devint-il célèbre comme lieu de pèlerinage; les affligés de toute sorte y accouraient en grand nombre dans l'espérance d'y trouver du soulagement à leurs maux, et presque toujours ils s'en retournaient fortifiés, soulagés et guéris.

Parmi tous les miracles opérés auprès du tombeau de saint Hermeland, nous citerons le suivant :

Un paysan nommé Sicbald, ayant pris en main son fléau, le jour de Pâques, entra dans son aire pour y battre du grain ; mais la divine vengeance le frappa à l'instant même d'un châtiment digne de sa témérité.

Soudain le fléau s'attacha à sa main, et les muscles de son corps s'étant en même temps relâchés, sa tête, ses bras et tous ses membres se mirent à s'agiter, à trembler d'une manière effrayante. Aucun effort ne pouvait suspendre cet ébranlement continuel, et ses os s'entrechoquaient sans cesse, sous d'horribles secousses.

Étant venu à Tours, l'intercession du bienheureux saint Martin sépara sa main du fléau, mais le tremblement de ses membres n'en continua pas moins. Or, la nuit suivante, comme il était resté au même lieu, il fut averti en songe par saint Martin que, s'il voulait être entièrement délivré, il fallait qu'il allât à l'île d'Aindre, pour que les prières du bienheureux Hermeland lui méritassent de revenir en son premier état.

Confiant dans les promesses de saint Martin, il vint en peu de temps au monastère d'Aindre, et prosterné près du tombeau de saint Hermeland, il implorait la grâce de sa guérison en invoquant le saint confesseur, qui ne tarda pas à répondre à ses vœux. Tandis que les frères chantaient l'office des Vêpres, un vieillard revêtu d'une robe de lumière, le front orné d'une belle chevelure blanche, lui apparut et lui fit signe de s'approcher. Il s'avança donc au plus vite, les yeux fixés sur cette apparition; mais bientôt il tomba par terre, au milieu des deux chœurs de psalmodie, et demeura là très-longtemps en prière, puis il tendit la main aux religieux et se releva parfaitement guéri.

Tel est en grande partie le récit plein d'intérêt laissé sur saint Hermeland, par un auteur grave, dont le nom nous est inconnu et qui fut presque le contemporain du saint homme.

La vie de saint Hermeland, écrite en latin par cet auteur anonyme, a été insérée dans le savant ouvrage des Bollandistes.

Nous avons puisé ces détails que nous venons de donner sur la vie de saint Hermeland, dans un petit volume qui fut édité à Nantes, lorsque la plus grande partie des reliques du saint abbé fut donnée au diocèse de Nantes par l'église de Loches.

Le corps de saint Hermeland resta près de deux cents ans dans son monastère d'Aindre, objet de la vénération publique; mais lorsque les Normands dévastèrent les rives de la Loire, ce pieux trésor fut transporté au centre de la France.

§ II

Ce que sont devenues les reliques de saint Hermeland.

Les reliques du saint abbé furent d'abord recueillies en Anjou; elles furent ensuite données, vers l'an 965, par le comte d'Anjou, Geoffroy Grisegonelle, à l'église Notre-

Dame de Loches, qu'il venait de faire construire à ses frais.

Depuis cette époque la mémoire de saint Hermeland fut en grande vénération dans l'église royale du château de Loches.

On y célébra chaque année, jusqu'à la Révolution, la fête de la Translation des reliques du bienheureux confesseur, le 20 novembre, sous le rit double de première classe, avec octave.

Un office propre avait été composé et était récité pour cette solennité.

Les saintes reliques étaient renfermées dans une châsse d'un beau travail, revêtue d'ornements en argent doré et placée à l'un des coins de l'autel majeur de l'église collégiale.

Nous avons déjà dit que les reliques de saint Hermeland, avec celles de saint Baud, étaient portées processionnellement chaque année, par suite d'un vœu, de l'église Notre-Dame à celle de Ferrières, et que vingt-huit paroisses assistaient à cette procession, dite des Corps Saints.

Mais pendant la Révolution les châsses furent brisées; heureusement une main pieuse parvint alors à sauver les reliques de saint Hermeland.

Quand M. l'abbé Nogret prit possession de la cure de Saint-Ours, il trouva, dans le coin d'un vieux placard attenant à la boiserie qui entourait alors le sanctuaire, un sac de toile renfermant, dans un autre sac de peau de mouton, une collection d'ossements ayant pour inscription : Reliques de saint Hermeland. A ces reliques se trouvaient annexés deux actes de reconnaissance d'authenticité faits

8

par MM. les doyen et chanoines de la collégiale, l'un à la date du 6 avril 1688, l'autre à celle du 6 septembre 1774.

M. le Curé recueillit pieusement ces ossements, que le témoignage des personnes les plus respectables de sa paroisse contemporaines des faits, lui assurait devoir être les reliques de saint Hermeland, soustraites lors du pillage de la châsse qui les contenait, pour être rendues à la piété chrétienne en des temps meilleurs.

Le digne pasteur de qui nous tenons tous ces détails, consignés aussi par lui-même dans un procès-verbal, s'occupa de faire constater de nouveau l'authenticité de ces reliques; mais différentes circonstances firent ajourner l'examen de la demande qu'il avait adressée dans ce but à l'autorité diocésaine.

Les choses en étaient là quand plusieurs curés du diocèse de Nantes, dont les paroisses sont sous le patronage de saint Hermeland, apprirent que l'église de Loches possédait encore les reliques du saint abbé; tout aussitôt ils exprimèrent à M. le Curé de Saint-Ours le désir qu'ils avaient d'en obtenir quelques fragments.

M. l'archiprêtre de Loches accueillit avec une grâce parfaite la demande des ecclésiastiques bretons. Il s'estima heureux de pouvoir procurer au diocèse de Nantes les reliques d'un saint resté en si profonde vénération dans la religieuse Bretagne, et d'en enrichir surtout les paroisses qui ont saint Hermeland pour patron.

Mgr l'archevêque de Tours voulut bien, de son côté, permettre à l'église de Loches de se dessaisir de la plus grande partie des reliques de saint Hermeland; et comme il fallait avant tout constater l'authenticité de ces reliques, Sa

Grandeur chargea M. le curé de Saint-Ours de procéder aux constatations et vérifications nécessaires.

Assisté d'hommes graves, pieux et jouissant de l'estime publique, ainsi que d'un docteur-médecin intelligent, M. le curé Nogret put constater que les ossements conservés comme étant ceux de saint Hermeland, étaient parfaitement identiques avec les reliques décrites dans le procès-verbal de 1774.

Sur le rapport qui lui en fut fait, Mgr l'archevêque de Tours rendit, à la date du 6 décembre 1847, une ordonnance dans laquelle il était dit :

« Les ossements conservés en l'église paroissiale de Saint-Ours de Loches, comme étant ceux de saint Hermeland, et qui ont été soigneusement examinés par M. le Curé de cette église, ainsi que par les graves et discrètes personnes dont il s'est fait assister dans cette circonstance, doivent être considérés comme authentiques et traités avec tout le respect dû aux reliques des saints. Nous permettons que ces précieux restes soient exposés à la vénération des fidèles.

« M. le curé de Saint-Ours est autorisé à transporter ou à faire transporter à Nantes la plus grande partie des reliques de saint Hermeland, et à en faire la remise à Mgr l'Évêque....., mais une portion notable des ossements du saint abbé restera dans l'église de Saint-Ours, pour y être exposée à la vénération des fidèles. »

M. le curé Nogret a voulu porter lui-même à Nantes le précieux trésor dont son église avait été si longtemps dépositaire. Il l'a remis le 17 février 1848 aux mains du vicaire-général désigné par Mgr l'évêque de Nantes.

L'église de Nantes dans sa reconnaissance fit présent à l'église de Saint-Ours de Loches d'un très-beau reliquaire en cuivre doré, avec clochetons et arcades gothiques, pour y conserver la relique de saint Hermeland (un tibia) laissée à cette église paroissiale.

A chaque fête solennelle on expose cette précieuse relique à la vénération des fidèles, sur un des autels des chapelles latérales de l'église Saint-Ours.

Puissent les détails que nous donnons sur saint Hermeland contribuer à faire sortir de l'oubli la mémoire de ce grand saint, qui pendant tant de siècles fut considéré comme l'un des protecteurs de la ville de Loches et des pays voisins!

Que les fidèles de Loches ne perdent point ces bonnes traditions de piété, de confiance envers les saints, qui leur ont été léguées par leurs aïeux; qu'ils aiment à venir prier devant les reliques de saint Hermeland, aux jours où ces reliques sont exposées à leurs hommages. Leur dévotion ne sera pas sans récompense, car saint Hermeland sera pour eux, comme pour leurs ancêtres, un protecteur puissant dans les cieux.

Nous arrivons à la fin de notre travail sans pouvoir nous rendre le témoignage que nous avons su tirer parti des riches matériaux qui étaient à notre disposition.

Avons-nous traité comme il convenait l'histoire de l'église du château de Loches? Avons-nous fait valoir suffisamment les précieux trésors que renferme cette vieille église? Avons-nous parlé dignement sous tous les rapports et d'une manière intéressante, des saints qui ont été par le passé ou qui sont encore présentement honorés d'un culte spécial dans cette antique collégiale ?

N'avons-nous pas été trop bref là où il fallait plus de détails, et trop prolixe où il convenait d'être court ?

Nous ne pouvons rien affirmer ; nous avouons même en toute simplicité que nous regrettons presque d'avoir entrepris ce travail que nous aurions dû laisser à une plume plus exercée que la nôtre. Nous craignons beaucoup, tant nous aimons cette belle église du château de Loches, de lui avoir nui par cette étude imparfaite, plutôt que d'avoir contribué à la mettre en honneur, comme c'était notre ardent désir.

Quoi qu'il en soit, nous laisserons aller ces pages telles qu'elles sont écrites, demandant grâce pour elles à ceux qui voudront les parcourir.

Si une sage critique les condamne et les juge œuvre d'écolier, nous serons le premier à dire que le jugement est bien porté, mais nous réclamerons pour nous le bénéfice des circonstances atténuantes, et nous prierons le lecteur de tenir compte de notre bonne intention. Nous gémissions de voir épars çà et là tant de documents intéressants, tant de détails précieux qui se rattachaient à l'ancienne collégiale de Loches, qui étaient à grand'peine parvenus jusqu'à nous, et que le premier souffle allait emporter et faire à jamais disparaître.

Nous nous sommes dit alors : Puisque personne ne se charge du soin de recueillir ces souvenirs, nous allons, malgré notre incapacité, entreprendre cette tâche. Si nous réussissons dans notre entreprise, nous en rapporterons l'honneur à ceux dont nous avons compulsé les travaux, pleins d'intérêt et de science, et à qui nous avons fait sans scrupule de larges emprunts; si, au contraire, comme tout nous le fait craindre, nous venons à échouer, nous aurons pour nous consoler la pensée que nous ne cherchions point un succès littéraire, que par conséquent l'échec doit nous être peu sensible; nous aurons encore l'espoir que notre travail, imparfait pour la forme, mais intéressant pour le fond, inspirera peut-être à quelqu'un plus capable que nous le désir efficace de transformer notre ébauche informe, en une œuvre traitée de main de maître et digne de celle à la gloire de laquelle nous avions voulu élever un modeste monument, la glorieuse et immaculée Vierge Marie, Mère de Dieu, patronne de l'antique et vénérable église du château royal de Loches.

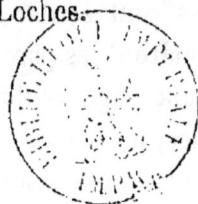

TABLE.

Tours. — Imp. de J. Bouserez.